日本語の形容詞

北原保雄

大修館書店

まえがき

形容詞、たとえば「赤い」「早い」「面白い」「楽しい」などに共通するのは、ものに対する人の見方、感じ方などを表すものだということである。この本を読んで「面白い」と感じてくださる人がいるかもしれない。この本では無理かもしれないが、面白い本を読んで「楽しい」と感じる人がいるかもしれない。

「赤い」は、たとえばよく熟れたリンゴやトマトなどの色を表すが、それは、みんなに赤く見え、赤く感じられるからである。「赤い」は、誰にでも赤く見え、赤いと感じられる色を表すから、個別の人の見方、感じ方という主観的なものから独立して、客観的な表現になるが、形容詞の基本は、人の見方、感じ方などを表すことである。

「山」「川」「草」「木」などの名詞も、ものについての人のとらえ方を表すもので、「山」と言っても、どれだけの高さがあり、どんな形をしていれば山であるのかが、客観的に決まっているわけではない。みんなが山だととらえるものが「山」である。

ただ、名詞はみんなが山だととらえているものを「丘」と言うと誤りになるが、形容詞の場合は、みんなが面白くないと感じている本を「面白い」と言っても誤りにはならないという違いがある。その人が「面白い」と感じれば、その人にとっては「面白い」のである。

そんな主観的表現と客観的表現の関係について考えるようになったのは、おそらく時枝誠記《ときえだもとき》の『国語学原論』（岩波書店　一九四一）や『古典解釈のための日本文法』（至文堂　一九五九）の影響だったろう。読んだ後で、とても新鮮に感じ感動したことを鮮明に覚えている。

本書では、形容詞を、客観の表現、主観の表現、主観客観の二面的表現の三種に分け、三者の関係について詳しく考察した。長い期間にわたって部分的に書いたり話したりしてきたことだが、総合的にまとめて論じるのは今回が初めてである（第二章から第四章まで）。その結果、形容詞の意味、意味と構文との関係などがかなり明快に見えるようになったのではないかと思う。

第五章から第七章までは、形容詞の形態（語音構造）に関するものである。第六章と第七章は大学院生時代に書いたものだが、第六章では、ウ音便の成立過程が解明できたことよりも、「古くは、ク活用形容詞の語幹末音節にはイ列音が立たなかった」ということの発見が嬉しかった。そして、第七章では、この法則を破るかに見えた「ヒキシ」について調査して、それが存在せず、「ヒキナリ」の形で存在したことを論証し、この法則の確からしさを確認したが、ここでも、「低し」が存在しないことの発見の方がむしろ驚きだった。現代語では、「高い」の反対語は「低い」であり、「ヒクイ」に対応する古形「ヒクシ」は当然存在するものだと思っていた。そして、この論文では、「ヒキシ」の代わりに、当時「ミジカシ」「アサシ」「ホソシ」などが用いられ、「ヒキシ」の存在する必要はなかったということまで解明することができた。

第五章は、第六章、第七章などの研究を踏まえて、形容詞の語音構造のいくつかの特徴をまとめたものだが、「現代語では、ク活用形容詞の語幹末音節にはエ列音が立たない」という発見も、私にとっては感動的なことだった。

論理を構築するのも楽しいことだが、新しい事実の発見、そしてその事実の存在することについての理由づけはそれに増して楽しい。言語研究の醍醐味である。それをいくつも味わわせてもらった。若いころを思い出して、いささか私事の開陳に及んだが、ご寛恕願いたい。

本書を刊行するに際しては、大修館書店取締役編集部長の岡田耕二氏に一方ならぬお世話になった。記して謝意を表したい。

平成二十二年五月

鏡郷文庫主人　北原　保雄

日本語の形容詞　目次

第一章　形容詞概説

一、形容詞という品詞

「形容詞」という文法用語は、小中学校においても学習するから、多くの人に自明のものと思われているだろう。しかし、実際の使われ方を見てみると、たとえば、

・「正直者」というのが彼につく形容詞だ。
・ワインの形容詞はかなり限られています。獣のような、ラズベリーの香りがする、太った、オイリー、香りのふくらむ、女性らしい……など、ワインに対する形容詞はさまざまです。
・写真の制作および写真ストックの提供サービスで最大手の○○が「さわやかな」「若々しい」「ワイルドな」といった形容詞で写真を検索できるサービスを開始した。

などのように、かなり広い意味に使われている。「形容」には、

① 物事の形・ありさま・性質などを他のことばやたとえを使って言い表すこと。「何とも――しがたい複雑な感情」

②ものの姿・形。また、ありさま。「そびえ立つ山の―[1]」

という意味があり、「形容詞」という言葉は、字義通りに、「他の言葉やたとえを使って言い表す言葉」と解しても誤りではないから、前掲の用例のような使い方も否定することはできない。

しかし、文法用語としての「形容詞」は、単に形容する言葉のことではない。私は、中学生向けの文法テキストに、

自立語で活用のある単語で、単独で述語になり、性質・状態・感情などを表し、言い切ったとき、「い」でおわります[2]。

と説明したが、前掲の用例の「正直者」は活用をしないし、「獣のような・ラズベリーの香りがする・……」、あるいは「さわやかな・ワイルドな」などは「い」で終わる形をしていない。

英語の文法でも、形容詞（adjective）という用語が使われるが、日本語の形容詞とはかなり相違する。

たとえば、日本語の形容詞には、副詞用法があるが、英語では別の品詞、つまり副詞になる。

・美しい（花）　　　　beautiful　　pretty
・美しく（咲く）　　　beautifully　prettily

また、日本語の形容詞は、単独で述語となることができるが、英語ではbe動詞を必要とする。

・彼女は　美しい。　　She is beautiful.

ただ、日本語の形容詞でも、命令形は「ある」を必要とするし、助動詞が続く場合にも「ある」の介在を必要とする。

・美しく　あれ　　　　　　Be beautiful.
・美しかった（美しく　あっ　た）　was beautiful
・美しかろう（美しく　あろ　う）　will be beautiful

この「ある」の介在は、形容詞の働きについて考える場合に重要な意味をもつが、それについてはおいおい取り上げていくことにする。

さらに、日本語の形容詞は、言い切りの形（終止形）が「―い」と決まっているが、英語にはいろいろな形がある。

このように、日本語の形容詞は英語の形容詞とはいろいろな面で異なる。日本語の形容詞は語形変化（活用）をして、連用形が副詞相当になり、連体形が連体詞相当になる。これは、日本語の形容詞が、語の職能の上からではなく、語そのものの有する性質（自立・活用・意味など）の上から分類されたものだからであって、日本語の形容詞はあくまでも用言の一つである。それに対して、英語の形容詞は、日本語の連体詞に相当するものである。時枝誠記は、

いはゆる形容詞といふ名称は、このやうな（＝連体詞のような）形容を意味する特殊な語のために保留して、連体詞と呼ぶ代りに、これらをこそ形容詞と呼ぶのが適切ではないかと思ふ。(3)

と述べている。

ここでは、日本語の形容詞と英語の形容詞との違いだけを見たが、中国語とも韓国語とも共通するところ、相違するところがある。ただ、ここでは、日本語の形容詞の特性を確認するために、英語を引き合いに出しただけなので、諸言語と対比することは省略する。

二、「形容詞」の誕生

話が前後することになるが、「形容詞」という品詞名が使われはじめたのは明治時代になってからのことである。ただ、形容詞の類をほかの語彙と分類して特立したのはもっと古く、品詞分類の祖と呼ばれる富士谷成章《ふじたになりあきら》が、『あゆひ抄』（一七七三）において、用言にあたる装《よそひ》を事《こと》（＝動詞）と状《さま》（＝形容詞・形容動詞）に分け、状を芝状《しざま》（＝ク活用）・鋪状《しきざま》（＝シク活用）・在状《ありさま》（＝形容動詞）・返状《かへしざま》に四分したのが嚆矢《こうし》である。

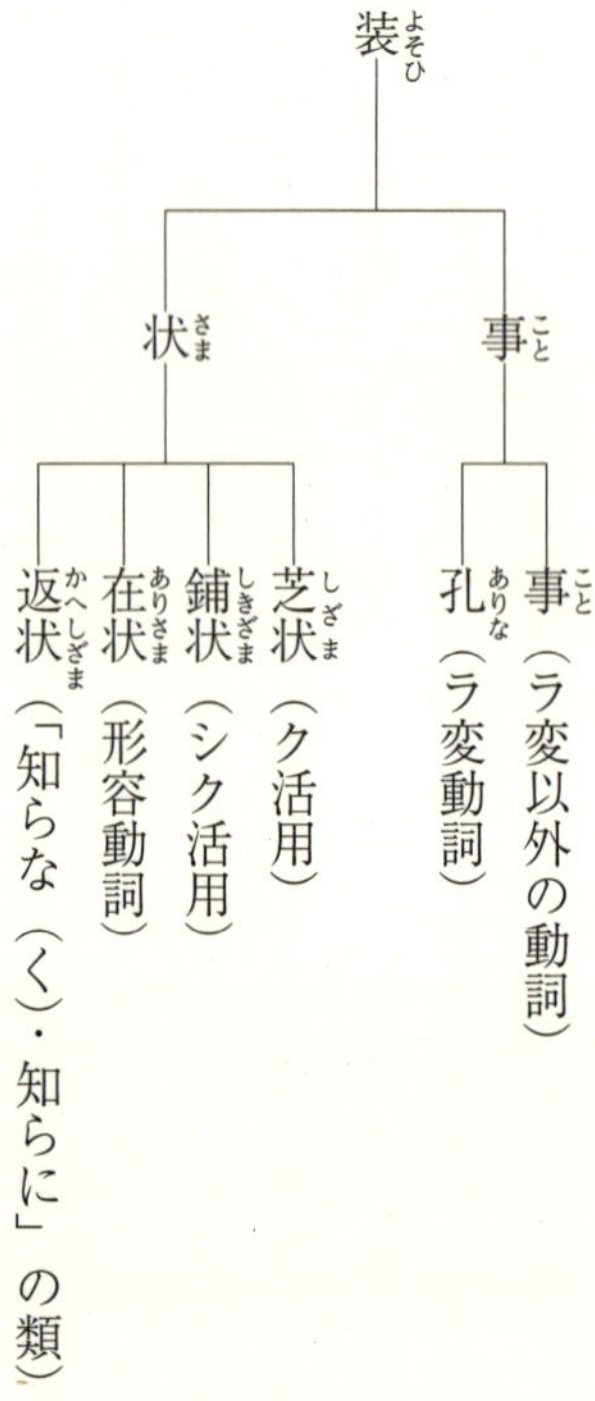

鈴木朖《すずきあきら》も早い時期の優れた品詞分類で名高いが、『言語四種論《げんぎょししゅろん》』（一八二四）において、言語を四種類に分類し、その一つに「形状《ありかた》ノ詞《ことば》」を立て、これに形容詞と動詞「あり」を所属させている。

> 詞ニ四種《クサ》ノ別チトハ、一ツハ万ツノ名目ニテ、体ノ詞。又動カヌ詞ト云。一ツハテニヲハ。一ツハ形状《アリカタ》ノ詞。一ツハ作用《シワザ》ノ詞。此二ツヲ合セテ、世ニハ用ノ詞ト云。又働ク詞トモ、活用ノ詞トモ、活語トモ云。終リニ附クモジ、断レ続キニ因リテカハル故ナリ。[4]

これを受けて、その後も、「形状言《ありかたのことば》」などいろいろな名前で呼ばれてきたが、「形容詞」という呼称が現れるのは明治に入ってからである。明治時代に入ってからも初めのころは、英語のadjective の訳語として用いられ、富士谷以来の用言の一つとしての形容詞ではなかった。今日の形容詞とほぼ同じ内容のものとして「形容詞」という品詞名が用いられたのは、大槻文彦《おおつきふみひこ》の「語法指南」が最初である。

この間の事情を少し詳しく説明すると、大槻は、国語辞書『言海』を編纂するにあたり、採録語の品詞を認定する必要に迫られて、辞書のために「語法指南」を作成したのである。『言海』は一八八九（明治二二）年五月から一八九一（同二四）年四月にかけて四冊に分けて刊行されたが、そ

の巻頭に掲載された「本書編纂の大意」には、品詞について、「語毎ニ必ズ標別セズハアルベカラズ。」として、

辞書ハ、文法（Grammar）ノ規定ニ依リテ作ラルベキモノニシテ、辞書ト文法トハ、離ルベカラザルモノナリ。而シテ、文法ヲ知ラザルモノ、辞書ヲ使用スベカラズ、辞書ヲ使用センホドノ者ハ、文法ヲ知レル者タルベシ。

と述べられている。そして、この「大意」に続いて「語法指南」が載せられているのである。

『言海』の第一冊目の刊行は一八八九（明治二二）年五月だが、当時、これにまさる文法の成書がなかったこともあって、たちまち多くの学校において、この「語法指南」の部分が教科参考書として利用され、この部分だけを購入したいという注文が発行元にたびたび寄せられるようになった。そこで発行者が単行本の出版を大槻に申し出たところ、大槻は、「語法指南」は本来『言海』を使用する人の指南にということで付載したもので、文法書は後日一冊の本として編集して刊行する考えもあるのでと言って承諾しなかった。しかし、いろいろの方面から注文が続々と来る。発行者はその要望を無視することが残念なので、大槻に再三懇請し、ようやく許可を得て、単行本『語法指南』として発売する運びとなった。一八九〇（明治二三）年一一月のこと、前記のように『言

海』はまだ刊行中の時期だった。

当然のことながら、『言海』所載の「語法指南」の完全な抜刷である。翌年には新しく組み改められた再版が刊行されたが、これも内容は「語法指南」と同じである。これが改訂充実されて、『広日本文典』（一八九七（明治三〇）年）へと発展するのだが、品詞を、名詞、動詞、形容詞、助動詞、副詞、接続詞、天爾遠波（テニヲハ）、感動詞の八品詞に分類する分類法は、「語法指南」から『広日本文典』まで変わらない。このほか、接頭語、接尾語という呼称も用いられている。

これらの品詞名は、現在の学校文法でも用いられており、形容詞だけでなく、ほかの多くの品詞名も、そのすべてが大槪の命名でないにしても、「語法指南」に発しているのである。詳しいことは、別に述べた(5)。

その後、たとえば松下大三郎のように、形容詞を独立した品詞とせず、動詞の一種として、動詞を動作動詞と形容動詞に区分する考えが提唱されたり(6)、日本語教育関係者の中に、形容動詞を「ナ形容詞」と呼ぶのに対して、形容詞を「イ形容詞」と呼ぶ人が増えたりしてもいるが、学校文法を中心に、「形容詞」という品詞名は確たる不動の地位を占めていると言っていいだろう。

そして、日本語の形容詞は、その実質が分類された富士谷成章の『あゆひ抄』の最初から今日の学校文法に至るまで、一貫して職能上の分類によるものではなく、語そのものの性質によって分類された品詞として存在してきた。

三、形容詞の働き

形容詞には、命令形（命令用法）がない。橋本進吉《はしもとしんきち》は、活用する自立語で、単独で述語になる「用言」を、命令形があるか、ないかによって、動詞と形容詞に分類している。(7)

動詞は、事物の属性（＝その事物に備わる固有の性質）を動作的（運動・生成・変化など）としてとらえるものであり、形容詞は、事物の属性を状態的（静止・固定・無変化など）としてとらえるものである。動詞は時間的に変化する属性をあるときに有することを表すものであり、形容詞は時間的に変化しない属性を有することを表すものであると言うこともできる。

命令は、時間的に変化する動作的属性においては可能だが、時間的に変化しない状態的属性にはなじまない。したがって、動詞には命令形があり、形容詞には命令形がないことになる。ただし、存在は状態と違って、時間的に変化する。存在するものが存在しなくなるということもある。したがって、存在を表す「ある」には命令形「あれ」が可能である。状態は常在的で無変化であるが、ある状態の存在、たとえば「美しく　ある」の命令「美しく　あれ」は可能である。この「美しくあれ」の縮約した「美しかれ」を活用形の一つと見なして形容詞にも命令形があるとすることもできるが、実のところは存在についての命令であって、状態には命令はなじまないのである。

次に、形容詞には、副詞用法があるが、動詞にはそれがない。

・美しく　咲く
・楽しく　走る

などでは、「美しく」「楽しく」がそれぞれ「咲く」「走る」を状態の面から修飾している。「咲く」「走る」という動作はいろいろな状態で行われる。「咲く」は「白く」「大きく」「丸く」などさまざまな状態で行われるが、その一つが「美しく」という状態である。「走る」は「速く」「美しく」「騒がしく」などさまざまな状態で行われるが、その一つが「楽しく」という状態である。

動作はある状態において行われる。形容詞は状態を表すものであるから、動詞の表す動作を修飾することができる。それに対して、動詞は動作を表すものであるから、動作を表す動詞を修飾することができない。たとえば、

・開き　咲く
・楽しみ　走る

などでは、「開き」「楽しみ」は動作を表し「咲く」「走る」という動作と並列の関係になっている。動作は動作を修飾することができないのである。

ただし、動詞には副詞用法がないというのは、あくまでも原則であって、動詞にも副詞用法をもつものがある。

・急いで　行く　（早く）
・きわめて　残念だ　（とても）
・繰り返し　読む　（何度も）

「急いで」「きわめて」「繰り返し」などは動詞の連用形（＋て）でありながら、状態的な意味を表す。「急いで」は「早く」に類似した意味をもつ。「きわめて」は「とても」に近い意味をもつ。だから副詞用法になれるのである。動詞だから副詞用法がもてないのではなく、一般の動詞は、動作を表し状態を表さないから、副詞用法をもつことができないのである。動詞でも状態的な属性を表すものは、副詞用法をもつことができるのである。

形容詞には連体用法があるが、これは動詞にもある。

・美しい　花
・楽しい　遊び
・咲く　花
・鳴く　鳥

連体用法は、前にも述べたようにまさに形容詞用法そのものであり、品詞分類が職能（用法）の上からなされたものではないから、動詞にも形容詞用法があるというようなことになるのである。

形容詞の語幹は、独立性が強い。これも形容詞のもつ大きな特徴である。

①終助詞「や」が付く。
こわや。　つらや。　ああ、おそろしや。　やれ、うれしや。

②接尾語・助動詞などが付く。
寒がる　嬉しがる　短すぎる　悲しすぎる　深そうだ　楽しそうだ

③助詞「の」が付いて、連体修飾語になる。
長の別れ　遠の帝《みかど》　あやしの業《わざ》　見苦しの振る舞い

④名詞の上に付いて、複合名詞を作る。
近道　浅瀬　悪者　嬉し涙　賢《さか》し人
⑤動詞の連用形の上に付いて、名詞を作る。
深追い　悪乗り　こわもて　苦し紛れ　悔し泣き　久しぶり
⑥接尾語「げ」「さ」「み」などが付く。
強げ　いやしげ　甘さ　悲しさ　厚み　楽しみ

これらには、現代語にはない用法もあるし、動詞の語幹にも認められるものもある。しかし、ともかく形容詞の語幹にはいろいろな働きがある。
①は古語における用法であるが、最近、頻繁に聞かれる言葉に「うま**っ**」「こわ**っ**」「あつ**っ**」のように語幹の最後を促音化して、感動詞的に叫ぶ言い方がある。これは従来は、「うまい**っ**」「こわい**っ**」「あついっ」などのように終止形の最後を促音化して叫ぶ言い方をしたものである。ただ、これはク活用にだけ適用され、シク活用の場合は、「おそろし**い**」「たのし**い**」「うれし**い**」などと延ばし、「おそろし**っ**」「たのし**っ**」「うれし**っ**」などと叫ぶことはないようである。いずれにしても変な語幹用法である。

四、形容詞の形

日本語の形容詞は、言い切ったときの形（終止形）が例外なく「―い」である。言い切ったときの形（終止形）が「―い」であるものを形容詞と定義しているのだから、これは当然のことである。「自立語で、活用のある単語で、単独で述語になり、性質・状態・感情などを表す語」であっても、「言い切ったときの形が『い』で終わらないもの」は形容詞としない。したがって、「暖かい」「黄色い」「手荒い」「間近い」「真っ白い」などは形容詞だが、「暖かだ」「黄色だ」「手荒だ」「間近だ」「真っ白だ」などは形容詞としない。形容詞とほぼ同じ働きをし、言い切ったときの形（終止形）が「―だ」になるものは「形容動詞」として区別する。形容動詞にも形について述べたいことがいろいろあるが、ここでは省略する。

表す意味からすると、「若い」の対は「老いる」、「貧しい」の対は「富む」、「ない」の対は「ある」であるが、「老いる」「富む」「ある」などは形容詞としない。これらの語が形容詞の形をしていないことには問題があり、問題にしうる。

ついでに言えば、「痩せている」「太っている」「繁っている（古語には「繁し」がある）」「違う」「似ている」などにも適当する形容詞がない。形容詞的な意味を有し、対になる形容詞をもっていても、品詞分類の上では、動詞的な形態をもっているものは、形容詞とはされない。

さて、現代語の形容詞は、言い切りが「―い」の形であるが、古語では、これが「―し」の形であった。古語の形容詞の活用には二つの種類があって、活用表を作ると次のようになる。「高し」のように、連用形が「―く」という形になるものをク活用、「美し」のように、連用形が「―しく」という形になるものをシク活用と呼ぶ。

	未然形（―バ・ム・ズ）	連用形（―テ）	終止形（―。）	連体形（―コト・ナリ）	已然形（―バ・ド）	命令形
高	○	く	し	き	けれ	○
美	○	しく	し	しき	しけれ	○

これは、本活用と呼ばれるもので、形容詞の本来の活用である。別に、連用形「―く」「―しく」に「あり」が付いて熟合した「―かり」「―しかり」の形があって、

	未然形（ーバ・ム・ズ）	連用形（ーテ）	終止形（ー。）	連体形（ーコト・ナリ）	已然形（ーバ・ド）	命令形
高	から	かり	○	かる	○	かれ
美	しから	しかり	○	しかる	○	しかれ

のように活用する。ただし、これは形容詞が助詞や助動詞などを下接させることができなくて「あり」を介在させたもので、補助活用、カリ活用などと呼ばれるが、「形容詞＋あり」の活用、さらに言えば「あり」の活用であって、形容詞の本来の活用ではない。

活用表の○のところはその活用形が存在しないことを表す。本活用に未然形が存在しないことの理由は次のように考えられる。つまり、形容詞は事物の性質・状態や感情・情意を表すが、これらは時間とは関係のない、いわば超時間的な概念である。それに対して、未然形は、その名の示す通り、まだそうでないという、時間にかかわる意味を表す場合に用いられる形である。したがって、形容詞（だけでなく形容詞型活用の助動詞）の本活用には未然形があってはおかしい。そういう理由で、本活用には未然形が存在しないのである。本活用に命令形が存在しないことについてはすでに説明した。補助活用に終止形が存在しないのは、要するに、本活用で用が足りるからである。

古語の形容詞の活用型には、ク活用とシク活用の二種類があると述べたが、シク活用の方の語幹を「―し」までと見れば、

	未然形（―バ・ム・ズ）	連用形（―テ）	終止形（―。）	連体形（―コト・ナリ）	已然形（―バ・ド）	命令形
高	○	く	し	き	けれ	○
美	○	く	○	き	けれ	○

のようになって、ク活用と同じ活用語尾になる。しかも、「高＝さ」「美し＝さ」、「短＝すぎる」「新し＝すぎる」、「痛＝がる」「恐ろし＝がる」、「深＝そうだ」「親し＝そうだ」などと対比してみると、ク活用の語幹と対応するのは、シク活用では「―し」までである。つまり、シク活用の語幹は「―し」とするのがむしろ妥当である。

この活用表によれば、シク活用の連用形も「―く」の形になるから、シク活用を特に立てる必要がなくなる。その点では、この活用表は整合性がある。しかし、この活用表によると、最も基本的な活用形である終止形が存在しないということになってしまう。終止用法があるのに、終止形語尾

がないというのはおかしい。語幹が終止形でもあるというのは、活用表として美しくない。また、活用の型を一つにまとめても、終止形語尾があるかないかによる違いは厳然として残る。そういうことで、ク活用とシク活用の二種類が立てられるのである。

現代語の形容詞は、言い切りの形が「―い」であり、活用は一種類であって、ク活用とシク活用を区別する必要がない。これは、日本語の歴史上、二つの変化が起きたことによる。

その一つは、本来終止形で終止するところを連体形で終止するようになったという変化である。本来は終止形で終止する。というよりも、終止する活用形だから終止形と呼ぶのである。

・山　高し。

・花　美し。

の「高し」「美し」などは、何も下接させずに終止している。そのように終止する形だから、終止形と呼ぶのである。一方、

・高き　山

・美しき　花

の「高き」「美しき」などは、「山」「花」という体言（名詞）に連なっている。そのように体言に連続する形だから、連体形と呼ぶのである。

ところが、時代が降ると、この活用形（形態）とその用法（職能）との対応にずれが生じてくる。本来体言に連続する形である連体形が、

・山　高き。
・花　美しき。

のように、終止するところにも使われるようになる。連体形で終止する用法、つまり、連体形終止法の成立である。

これは、形容詞だけに起こったことではない。活用する語にあまねく生じた変化である。たとえば、動詞にも、

・花　満つる。

・人を　助くる。

のように、本来体言に連続する形である連体形「満つる」や「助くる」が、終止するところに使われるようになった。動詞の場合、これと二段活用の一段活用化という変化によって、古語の上二段活用と下二段活用が現代語の上一段活用と下一段活用になるのである。

連体形終止法の始まった時期、完了した時期は、いずれも明確には言えない。言葉の変化というものはそういうものである。徐々に始まって、いつの間にか終わっているのが普通である。ここでは、連体形終止法が成立し、それによって、現代語の形容詞の活用が誕生したということが重要なことなので、連体形終止法が完了したとまでは言えなくても、かなり進行したのは鎌倉時代以降、室町時代を通してであるということだけを確認しておく。

ただ、連体形終止法だけでは、以上に見た通り、形容詞は「—い」の形にはならない。もう一つの変化が必要だった。それは、形容詞連体形のイ音便化である。イ音便化は形容詞連体形だけに起きたものではない。たとえば、動詞にも「咲いたり（←咲きたり）」「書いて（←書きて）」などのようにカ行四段活用の連用形にあまねく生じた。また、時期も、部分的ながら平安初期から例が認められる。形容詞連体形のイ音便化の例も古くから認められるが、これが一般化するのは、やはり中世を通してである。

形容詞の連体形がイ音便化し、それと連体形終止法が複合すると、連体形と終止形は、

・高い　山
・美しい　花
・山が　高い。
・花が　美しい。

のようになる。ちなみに、イ音便化と連体形終止法はいずれが先に進行したか、その詳細な状況は不明であるが、それはここではあまり問題ではない。二つの変化によって、連体形だけでなく、終止形も「―い」という形になったということが重要である。

さて、その結果、活用表はどうなるか。

高	○	く	い	い	けれ	○
美し	○	く	い	い	けれ	○

となって、ク活用とシク活用の別を立てる必要はなくなる。これが現代語の形容詞の本活用の活用表である。

【注】

(1) 北原保雄 二〇〇二『明鏡国語辞典』大修館書店
(2) 北原保雄 一九九三『表現と理解のための中学文法』教育出版
(3) 時枝誠記 一九五〇『日本文法 口語篇』岩波書店「第二章 語論」一三七ページ
(4) 鈴木朖 一八二四『言語四種論』「言語ニ四種ノ別アル事」
(5) 北原保雄 一九九六『語法指南』(日本文法研究書大成)の解説 勉誠社
(6) 松下大三郎 一九三〇『改撰標準日本文法』(一九七四 勉誠社復刊)「第三篇 詞の本性論」の「第二章 詞の小別」の「第二節 動詞の小別」の「動作動詞と形容動詞」二五〇ページ
(7) 橋本進吉 一九四八『国語法研究』岩波書店「国語法要説」六五ページ

第二章　形容詞の種類と意味

一、属性形容詞の意味（性質・状態）

第一章に、形容詞は、性質・状態・感情などの意味を表すことを述べたが、形容詞の表す意味は単純ではない。ここで「性質」というのは、事物に備わっている固有の性質、つまり属性のことである。「空」には「青い」という属性がある。「流れ」には「早い」という属性がある。もちろん、「空」にはほかに、「白い」「赤い」、あるいは「広い」「大きい」という属性もある。また、「流れ」にもほかに、「遅い」「激しい」などの属性がある。「空」「流れ」にはいろいろな属性があるが、「青い」は「空」の属性のうちの一つであり、「早い」は「流れ」の属性のうちの一つである。形容詞（たとえば「青い」「早い」）が事物（たとえば「空」「流れ」）の属性を表すものだというのはそういう意味である。

また、ここで「状態」というのは、事物がどういう状態であるか、どういう状態で存在するか、どういう状態で動作するか、などという状態のことである。「空が青い」の「青い」は空の状態を表している。空には青いという属性があるから、青いという状態で存在することができる。また、「早く流れる」の「早く」は「流れる」という動作の状態を表している。「流れる」には「早い」「遅い」という属性がある。動作は必ずある状態をもって行われる。

このように性質・状態を表す形容詞を「属性形容詞」と呼ぶ。

二、情意形容詞の意味（感情・情意）

「性質」「状態」が事物固有のものであるのに対して、「感情」「情意」は事物に対する人の感じ方、事物に対して人がもつ感情のことである。たとえば「水が欲しい」というときの「欲しい」は水の性質・状態を表しているものではない。「水」には「欲しい」という属性はない。「欲しい」は、欲しいと思っている人の水に対する欲しいという気持ち（感情・情意）を表している。

「赤いバラ」の「赤い」は、誰かが赤いと思おうが思うまいが人の感じ方とは関係なしに、バラが赤いのである。「赤い」は、バラの性質・状態である。それに対して、「水が欲しい」の「欲しい」は、欲しいと思っている人が欲しいのである。のどの渇いているときには水が欲しいと思うが、水を飲んだばかりで水が欲しいと感じないようなときもある。「欲しい」は「水」という対象に対する人の気持ちを表しているのである。

「別れが悲しい」の「悲しい」についても同じことがいえる。「悲しい」は「別れ」固有の性質・状態を表しているものではない。別れを悲しいと思っている人にとって悲しいのである。「別れ」は多くの場合悲しいものだが、たとえば嫌いだった人との「別れ」は悲しくはなく、むしろ嬉しいということがあるかもしれない。「悲しい」は「別れ」ということに対する人の気持ち（感情・情意）を表しているのである。

「水」に対してもつ感情も、「別れ」に対する情意も、「欲しい」「悲しい」のほかにいろいろある。たとえば、「別れ」に対するものならば、「苦しい」「さびしい」「切ない」「つらい」などである。一般的ではないが、「嬉しい」「楽しい」「ありがたい」などもありえる。

「たい」という助動詞がある。「飲みたい」「食べたい」などの「たい」で、希望を表すとか願望を表すとかいわれる助動詞である。「水が飲みたい」の「飲みたい」は、水に対する飲みたいという希望の気持ちを表している。「パンが食べたい」の「食べたい」は、パンに対する食べたいという願望の気持ちを表している。「飲みたい」「食べたい」は「欲しい」よりも、「飲む」「食べる」が表現されている分、意味が具体的になっているが、その点を除けば「欲しい」とまったく同じである。形容詞の感情・情意の意味を考えるとき、助動詞「たい」の表す意味は参考になる。

このように感情・情意を表す形容詞を「情意形容詞」と呼ぶ。

三、感覚形容詞の意味

事物の属性は、言うまでもなく事物側のものである。一方、人の感情・情意はこれまた言うまでもなく、人側のものである。人の心の中のもの（感じ方・見方）である。人の外のものと内のもの、その中間に「感覚」がある。

「五感」は、外界の事物を認識する五つの感覚、つまり視覚・聴覚・嗅覚・味覚・触覚のことだが、これらはそれぞれ、「五官」、つまり目・耳・鼻・口・皮膚の五つの感覚器官によって知覚されて人の内側に入ってくる。五官は、言わば、五感の受け付け器官である。

たとえば「まぶしい」は、まぶしく光るものの状態であるが、それを目でまぶしいと感じなければ、「まぶしい」という感覚にならない。サングラスを掛けていれば、まぶしく光るものでもまぶしくない。目がまぶしいと感じるから、「まぶしい」のである。「目にまぶしい」という言い方があるように、まさに目にとって、あるいは目において、まぶしいのである。

「うるさい」は、うるさい音を出しているものの状態であるが、それを耳でうるさいと感じなければ、「うるさい」という感覚にならない。うるさいと感じて耳をふさげば、うるさい音が出ていても、うるさくなくなる。耳がうるさいと感じるから、「うるさい」のである。「耳にうるさい」は耳にとってうるさいということであり、耳によってうるさいと認識されるから「うるさい」ということを表している。

鼻によって認識される「くさい」「甘い（香り）」、口によって認識される「うまい」「おいしい」「甘い（味）」「辛《から》い」「苦《にが》い」「渋い」なども同様である。いずれの形容詞も、感覚器官によって認識される感覚を表すものである。

触覚は皮膚によって認識される感覚であるが、皮膚は位置の定まった器官ではないから、ほかの感覚とは事情がいささか異なる。触覚には、体全体（の皮膚）で感じる感覚と体の一部（の皮膚）で感じる感覚とがある。たとえば、「暑い」は体全体で感じる感覚であり、「熱い」は体の部分で感じる感覚である。「この部屋は暑い」の「暑い」は体全体で感じる温度の高さを表し、「頭（手）が熱い」の「熱い」は体の部分、頭や手で感じる温度の高さを表す。

「寒い」は体全体で感じる感覚と体の部分で感じる感覚の両方を表す。「この部屋は寒い」の「寒い」は前者の例であり、「背中（足）が寒い」の「寒い」は後者の例である。もっとも、「あつい」の場合も、感じる温度が適温よりも高いと感じる感覚が基本的な意味で、体全体で感じる感覚と体の部分で感じる感覚の両方を表すのであって、漢字で書き分けることができるというだけのことである。もう少し細かいことを言うと、「熱い風呂」のように、体全体でも体の部分でも感じる感覚を「熱い」と書くこともある。しかし、これも体全体というよりもお湯に触れている部分における感覚と見るべきだろう。

「冷たい」は「暑い」と「熱い」の関係の「熱い」に相当し、体の部分で感じる感覚を表す。

「かゆい」は全体と部分の両方における感覚を表すが、「くすぐったい」は刺激を認識した部分の感覚だけを表す。

このように、触覚は一つの感覚器官によって認識されるものではないので、認識される部位はさまざまである。さらに、「痛い」などに至っては、「(蜂に刺されて)手が痛い」などは刺された部分における感覚であるが、「体が痛い」は体全体における感覚であるし、「歯(腰・胃)が痛い」などは触覚ではなく体の内部における感覚である。

皮膚は「五官」の一つに位置づけられているが、ほかの感覚器官とは異なる。皮膚は厳密には感覚器官とは言えない。したがって、触覚も「五感」の一つに位置づけられているが、ほかの感覚とは著しく性格を異にする。しかしながら、触覚は感覚器官に準ずるものと見なすことができる。「暑い」「熱い」「寒い」「冷たい」「かゆい」「くすぐったい」などの形容詞はいずれも、感覚器官によって認識される感覚と同種の感覚を表す。

事物の性質・状態を表す属性形容詞、事物に対する人の気持ちを表す感情形容詞、その外界と人の内側とを表す形容詞の中間に感覚形容詞がある。「五官」は人体の外側、外界と接するところにあって、外界のさまざまな刺激を感じ取る。刺激は外界のものであるが、感じ取られた感覚は人側のものである。ただ、それは感情・情意とは違って人の心の内のものではない。「五官」において認識される感覚である。

そういうことで、属性形容詞でも感情形容詞でもない形容詞として、感覚形容詞が立てられる。

四、客観と主観

形容詞の意味をさらに深く考察するために、客観・主観という概念を導入する。客観は英語のobject の訳、主観は subject の訳だが、ほぼ、

客観＝主観の認識作用の対象となるもの。また、主観の認識から独立して存在する外界の事物。

主観＝外界の事物・現象を認識し、思惟・判断・行為などを担う意識の働き。また、その働きをする主体。

のように定義されるものと考えておきたい(1)。

客観・主観ということから三種の形容詞の意味について見なおしてみると、どういうことになるか。

属性形容詞の表す意味は、主観の認識から独立して存在する外界の事物の性質・状態であり、主

観の認識作用の対象となるものである。したがって、属性形容詞の表す意味は、客観的なものであり、属性形容詞は、客観を表現するもの、「客観的表現」である、と言うことができる。

客観は事物だけに限らない。動作・作用・状態などもすべて客観である。したがって、「山」「川」「花」「空」などだけでなく、「咲く」「歩く」「高い」「白い」「静かだ」「ゆっくり」なども客観的表現である。これらの語はすべて主観の認識から独立して存在するものを表現している。属性形容詞もその一種だということである。

それに対して、情意形容詞の表す意味は、外界の事物・現象を認識し、思惟し、判断するなど、主体の意識する働きである。したがって、情意形容詞の表す意味は、主観的なものであり、情意形容詞は、主観を表現するもの、「主観的表現」である。

主観的表現と客観的表現について、基本から考えてみよう。まず主観的表現についてであるが、「ああ」「まあ」「おや」などの感動詞は、喜び、悲しみ、驚きなどの直接的表現である。主体の意識の働きが客体化、概念化されていない、そのままの表現である。鈴木朖は、こういう語を「心の声」と呼んだが、(2)主体の意識そのままの「主体的表現」である。その証拠に、「ああ」「まあ」「おや」などは表現主体（話し手・書き手）以外の人の意識の働き（主観）を表現することができない。

・彼は喜んで「ああ」と言った。

の「ああ」は、この文の表現主体の主観を表しているのではなく、「彼」の主観を表している。「ああ」の表現主体は書き手ではなく彼である。「ああ」は表現主体である「彼」の主観を表しているのである。

「たぶん」「おそらく」「う」「よう」「だろう」なども同様に、表現主体の推量判断の直接的表現である。したがって、これらの語も表現主体の意識の働き（推量判断）しか表現することができない。

・たぶん明日は晴れるだろう。

の「たぶん」や「だろう」は表現主体（書き手）の推量判断しか表現することができない。

・たぶん彼は明日は晴れるだろう。

というような表現はできない。「たぶん」や「だろう」は「彼」の推量判断を表すことはできない。

・彼は「たぶん明日は晴れるだろう」と言った。

は適正な表現であり、「たぶん」や「だろう」は「彼」の推量判断を表しているが、「　」の部分の表現主体は彼である。

これに対して、喜びや悲しみを、「喜び」「悲しみ」、あるいは「嬉しい」「悲しい」「喜ぶ」「悲しむ」という語で表現すれば、「客体的表現」になる。客体的表現は、主体の意識の働き（主観）を客体化し、概念化した表現である。「ああ」は表現主体の主観しか表現することができないものであったが、「喜ぶ」「悲しい」は表現主体以外の主観も表現することができる。たとえば、

・彼は喜んで「ああ」と言った。
・彼女は「ああ」と言って、喜んだ。

などの「喜ぶ」は、この文の表現主体の主観ではなく、彼、彼女の主観を表している。

「だろう」も、表現主体の主観しか表現することができないものであったが、主観（推量判断）

を客体化し、概念化した表現、たとえば、「推量する」「予想する」などの語は、表現主体以外の主観も表現することができる。

・明日は晴れると推量する。
・明日は晴れると予想する。

などの「推量する」「予想する」は、表現主体の主観はもちろんだが、彼、彼女、あの人、君、誰でもの主観も表現することができる。

・彼は明日は晴れると推量して、予定を立てた。
・彼女は明日は晴れると予想したが、大丈夫だろうか。

などはまったく問題のない自然な表現である。ただ、「彼は〜推量する」「彼女は〜予想する」のように言い切り（終止用法）にすると、やや不自然になるが、その点については、次章の第三節において説明する。ともかく、このように客体化され、概念化された表現は、表現主体以外の主観も表現することができるのである。

以上に述べたことをもう一度整理すると、次のようになる。主観の表現、すなわち「主観的表現」には、主観を概念化せずに直接表現する「主体的表現」と、主観を概念化し、客体化して表現する「客体的表現」の二種がある。一方、客観は主観の認識から独立して存在する外界の事物であるから、常にすべて概念化され、客体化された表現になる。したがって、客観の表現、すなわち「客観的表現」には「客体的表現」しかなく、「主体的表現」はない。

主観的表現
主体的表現　ああ　まあ　おや　たぶん　おそらく　だろう　か
客体的表現　喜び　悲しみ　喜ぶ　驚く　欲しい　嬉しい　懐かしい　推量する　疑う
客観的表現
客体的表現　空　花　咲く　流れる　白い　高い　静かだ　ゆっくり　ざあざあ

形容詞には、右のように位置づけられる、客観的表現、たとえば「白い」「高い」などと、主観的表現（の客体的表現）、たとえば「欲しい」「嬉しい」「懐かしい」などとの二種があるということになる。

もう一度確認することになるが、形容詞の表す意味には、客観的なものと主観的なものの別がある。たとえば「白い」「高い」などは、誰が見ても白いものは白く、高いものは高い、そのように主観の認識から独立して存在する属性を表す形容詞で、客観的表現である。一方、たとえば「欲しい」「懐かしい」などは、欲しいと思う主観にとって欲しいのであり、懐かしいと意識する主観にとって懐かしいのである。そういう主体の意識の働き（主観）を表している形容詞で、主観的表現である。

しかし、個別の形容詞が、客観的表現、主観的表現のいずれに所属するかにはまた別の問題があり、単純ではない。実は、客観と主観とは截然と区別されるものではなく、その境界は両者相重なっているところがある。たとえば、「こわい」という形容詞は、

・犬がこわい人
・ヘビがこわい人

と言った場合には、その人が犬なりヘビなりをこわいと思うのであり、主観的表現である。しかし、

・この犬はこわい
・（毒性があって）こわいヘビ

などと言った場合には、「こわい」はその犬なりヘビなりの属性を表していて、客観的表現になる。

「おもしろい」という形容詞についても同様なことが言える。

・遊びがおもしろい人

と言った場合の「おもしろい」は、その人の主観を表している。その人が遊びをおもしろいと思うのである。遊びをおもしろいと思わない人もたくさんいる。一方、

・おもしろい遊び

と言った場合の「おもしろい」はその遊びの属性を表していて、客観的表現になる。その遊びが客観的におもしろいのである。

「さびしい」という形容詞も同様である。

・一人暮らしがさびしい人
・夜がさびしい人

などの「さびしい」は、一人暮らしや夜がさびしいと思う人の主観を表している。一人暮らしや夜を楽しんでいて、さびしいと思わない人もいる。

・この道はさびしい
・（雨が降っている暗い夜の）さびしい道

などの「さびしい」は道の属性を表していて、客観的表現になる。道そのものの状況が客観的にさびしいのである。

以上に取り上げた「こわい」「おもしろい」「さびしい」などの形容詞は、ある時は主観的表現になり、ある時には客観的表現になるというように、二面性をもつ。時枝誠記は、この類の形容詞を

「主観客観の総合的表現の語」と呼んだ。(3) しかし、この類の形容詞は、主観客観を総合的に表現するというのではなく、主客二つの立場から表現しているものであるから、「総合的表現」というよりも「二面的表現」あるいは「両面的表現」と呼ぶ方が事実に即しているだろう。

それでは、この二面性はどこから生じるのか。何に起因するのか。「こわい」は確かに犬なりヘビなりに対してこわいと思う人の主観を表すが、犬なりヘビなりに「こわい」という属性がないと、この主観は生じない。生じにくい。「縫いぐるみの子犬」や「花」などのようにこわいという属性をもちにくいものに対しては、こわいという主観も生じにくい。

「縫いぐるみの子犬」や「花」がこわいという属性を「もちにくい」というような慎重な言い方をしたのは、こういう普通にはかわいいものと思われているものであっても、こわいという属性をもつことがあるからである。たとえば一般に触ると祟りのあると思われている「縫いぐるみの子犬」だったとしたら、こわいという属性をもつ。また、トゲがあったり、毒性があったりする「花」であったら、こわいという属性をもつだろう。

「こわい」は対象（犬やヘビ）に対してもつ主観であるが、誰もがそう感じるようになり、その主観が一般化すると客観になる。すべての人が犬一般をこわいと思うわけではないから、犬一般はこわいという属性をもつことはない。「犬がこわい人」の「犬」は犬一般のことをいっているのである。しかし、獰猛ですぐ嚙み付く犬がいたとすると、その犬はすべての人がこわいと思う。ここにも、どんなに獰猛ですぐ嚙み付く犬であってもこわいと思わない例外的な人がいるだろうが、ほとんどすべての人がこわいと感じるその犬はこわいという属性を獲得する。「この犬はこわい」の「犬」はこわいという属性をもつ特定の犬である。

「白い花」「高い山」などの「白い」「高い」は、「花」や「山」の属性を表していて客観的表現であるが、白い、高いは、ほとんどすべての人にそう「見える」から、白く、高いのである。「白い花」は「白い状態に見える花」ということであり、「高い山」は「高い状態に見える山」ということである。白い状態や高い状態が存在しなければそういう状態に見えないし、見えなければそういう状態は存在することにならない。「見える」というのは、そういう状態が存在することと、それらが視覚によって認識されることの両方を表している。

ただ、白いという状態や高いという状態は、ほとんどすべての人にそう見えるものである。すべての人にそう見えるということであれば、見えても見えなくても存在するということになる。ここに主観の認識から独立して客観的表現が成立する契機がある。

「美しい花」の「美しい」は「美しい状態に見える花」ということで、美しいという状態は客観的にも存在し、多くの人にそう見える状態である。ただ、花はほとんどの場合美しいと見えるだろうが、服装や行為、あるいは人の心などにまで対象の範囲を広げると、人によって美しいと見えたり、見えなかったりする。「美しい」は客観的表現を基本としながらも、主観的表現の面も認められる形容詞である。

「こわい」「おもしろい」などが主観客観の二面的表現であることは前に述べたが、「犬がこわい人」と言った場合の「こわい」は、その人がそう「思う」こと、つまり、その人の主観を表していて、主観的表現である。犬をこわいと思わない人はたくさんいる。一方、「こわい犬」「この犬はこわい」と言った場合の「こわい」は、その犬の（獰猛な）属性を表していて、客観的表現になる。

そういう点では、感覚形容詞の「まぶしい」「うるさい」「くさい」「うまい」なども、主観と客観の二面的表現であると言うことができる。「小さい光でもまぶしい人」の「まぶしい」はその人がそう「感じる」こと、つまり、その人の主観を表している。すべての人がまぶしいと感じるわけではない。一方、「まぶしい光」「まぶしく輝く光」などの「まぶしい」はその光の属性を表していて、客観的表現になる。

「うるさい」も、小さい音でも神経質でうるさく感じる人（主観）があるし、大きな音でも騒音に強くてうるさく感じない人がある。また、耳栓をしていれば、大きな音でもうるさくない。うるさいと感じる人にとって「うるさい」のである。こういう場合の「うるさい」は主観的表現である。一方、大きくて騒がしくて「うるさい音」というものは客観的に存在する。こういう場合の「うるさい」は客観的表現である。

そのほかの感覚形容詞、「くさい」「甘い」「辛《から》い」「苦《にが》い」「渋い」「柔らかい」「熱い」などについても、まったく同様なことが言える。

「欲しい」「懐かしい」「悲しい」などの情意形容詞は、主観の情意だけを表し、対象の属性は表さないように考えられており、本章の第二節においても、そのように説明をした。たとえば、「水が欲しい」というときの「欲しい」は、欲しいと思っている人の水に対する欲しいという気持ち（感情・情意）を表している。「欲しい」は水の性質・状態を表しているものではない。「水」には「欲しい」という属性はない。このように説明した。

しかし、二面的表現についての検討を踏まえて改めて考えてみると、

・私は水が欲しい。
・水の欲しい人。

などの「欲しい」は、「私」「人」の主観を表しているものではあるが、「水」の方も欲しいと感じられる属性をもつと考えていいのではないか。水そのものに誰もが欲しいと感じるという客観的な属性があるというのは無理であるが、欲しいと感じている「私」なり「人」なりにとって（限っ

て）欲しいと感じられる属性をもつと見ることはできないだろうか。

・私は故郷が懐かしい。

・懐かしい故郷の山々。

などの「懐かしい」についても、「故郷」や「故郷の山々」に、「私」にとって（だけ）懐かしいと感じられる属性があると考えることはできないか。

なぜそういう考え方をしたいかというと、そう考えると、形容詞の客観的表現と主観的表現とがうまく関連づけられ総合的に位置づけられるからである。

言葉はもともと主観の認識作用に基づくものであり、「高い」「早い」などの属性形容詞でさえ、主観が対象の性質や状態について、高い、早いと認識することに基づく表現なのである。それをほとんどすべての主観が同じように認識するところから、客観的表現となる。「高い山」は何メートル以上の山のことをいうか、「早く起きる」は何時以前に起きることをいうのか、客観的な基準が決まっているわけではない。客観的に共通している面は大きいが、主観的な面も多分にあるのである。

「こわい」「おもしろい」など、主観客観の二面的表現の形容詞は、主観の対象に対する意識の働きを表して主観的表現になるが、その意識の働きがほとんどすべての主観に共通するものになって客観的表現になる。「美しい」などは、主観的な面がやや強く、客観的な面が弱い表現と言える。

「錯覚」は、客観的事実をまちがって知覚すること、事実とは違うのに、本当にそうであると思い込むことである。たとえば、犬嫌いでない人が、やさしい性質の犬を「こわい」と思い違いするのは錯覚である。性質のおとなしい犬は「こわい」という属性をもたない。錯覚は客観的な属性とはまったく関係のない、思い込み、勘違いの主観であるから、この場合の「こわい」は主観客観の二面的表現ではなく主観的表現になる。

そして、情意形容詞の「欲しい」「懐かしい」などである。「水が欲しい」の「欲しい」は、主観の意識の働きを表すものであるが、その意識の働きはほとんどすべての主観に共通するものではない。「水」は誰もがいつでも欲しいものではない。しかし、水が欲しいと思う人には（そう思う人だけには）、「水」は「欲しい」という属性をもつ。

客観的表現の形容詞においては、主観がほとんどすべて共通しているところから、主観が背景に後退して客観が前面に出てくる。しかし、この類の形容詞においても、主観の面が濃淡程度の差はあるとしても認められる。主観客観の二面的表現の形容詞においては、主観に共通する客観的な面もあるが、主観的な面もあるところから、主観、客観の両方が前面に出る。錯覚の表現のような場合には、表現すべき客観的属性がなく主観的表現になる。そして、主観的表現の形容詞においては、主観の共通するところがほとんどまったくないところから、客観性が弱くなり主観が前面に出てくる。しかし、この類の形容詞においても、限定的ではあるが主観の認識作用の対象となる客観的属性があって、それに対して主観の認識作用が働いている。このように整理してとらえると、形容詞の客観的表現と主観的表現が連続的、段階的に位置づけられると考えられるのである。

【注】

（1）北原保雄 二〇〇二『明鏡国語辞典』大修館書店

（2）鈴木朖 一八二四『言語四種論』「テニヲハノ事」に、「前ノ三種《クサ》ノ詞ト、此テニヲハトヲ対《ムカ》ヘミルニ、三種ノ詞ハサス所アリ、テニヲハ、サス所ナシ。三種ハ詞ニシテ、テニヲハ、声ナリ。三種ハ物事ヲサシアラハシテ詞トナリ、テニヲハ、其詞ニツケル心ノ声也。詞ハ玉ノ如ク、テニヲハ、緒ノゴトシ。」「独立タルテニヲハ。ア、アハレ、アハヤ、アヤ、アナ、アナヤ、……是ラ本ヨリ三種ノ詞ノ類ニアラズ。又詞ニツラナルテニヲハノ類ニモアラネドモ、人ノ心ノ声ニアラハル、ニテ、テニヲハノ本体ナリ。」と述べられている。「三種の詞」は体の詞（＝名詞）、作用《しわざ》の詞（＝動詞）、形状《ありかた》の詞（＝形容詞）のこと。引用の前者は助詞・助動詞など付属語について述べたものであり、後者は感動詞などについて述べたもの。両者とも

「人ノ心ノ声ニアラハル、」ものとしている。

（3）時枝誠記 一九五九『古典解釈のための日本文法 増訂版』至文堂 五八ページ

第三章　表現主体の主観と動作主の主観

一、はじめに

形容詞の客観的表現は、主観の認識から独立して存在する外界の事物の性質や状態を表すものであるから、比較的単純であるが、主観的表現には、表現主体の主観を表すものと動作主の主観を表すものとがあって、やや複雑である。そこで、本章では、主観的表現について考察する。「表現主体」は前章の第四節でも用いた用語であるが、その表現を行う主体、すなわち話し手や書き手、あるいは語り手のことであり、「動作主」はその表現の中における動作（や状態）の主体、一般に主語と呼ばれるもののことである。

本章では、主観の客体的表現について、表現主体の主観を表すのは、どういう場合であり、どういう表現であるか、また、動作主の主観を表現するのは、どういう場合であり、どういう表現であるか、ということについて考察する。

なお、主観的表現は形容詞に限ったものではないし、ほかの品詞の場合も含めて考察すれば、例も豊富になり、理解もしやすくなるので、形容動詞や動詞の例も合わせて取り上げることにする。

二、主観の主体的表現と客体的表現

主観は、主体的にも客体的にも表現することができるが、そのうち、主体的表現は、表現主体の主観しか表現することができない。主体的表現は、主観の直接的表現、概念化・客体化されていない表現である。これが表現主体の主観しか表現しえないのは、当然のことである。

それに対して、主観の客体的表現は、表現主体の主観も表現することができるが、それだけでなく、表現主体以外の動作主（＝二人称、三人称の動作主）の主観も表現することができる。たとえば、

・あなたは水が欲しいのですか。
・花子は母が恋しくて、泣いた。
・青春時代の懐かしい人はたくさんいる。

の形容詞「欲しい」「恋しい」「懐かしい」などは、表現主体の主観ではなく、表現主体以外の人「あなた」「花子」「人」などの主観を表現している。これらは動作主である。

形容動詞や動詞についても同様のことが言える。たとえば、

・酒の好きな太郎は晩酌が止められない。
・花子は、それがいいことだと思って、やったのだ。
・君がそう仮定するのは勝手だが、

などの、「好きだ」は形容動詞、「思う」「仮定する」は動詞だが、これらの主観的表現も、表現主体の主観ではなく、表現主体以外の人、「太郎」「花子」「君」などの主観を表現している。

客体的表現が表現主体の主観を表現する場合、たとえば、

・私は水が欲しいのです。
・私は母が恋しくてたまりません。
・青春時代の懐かしい私は、その頃をよく思い出します。

などの場合、その表現主体は、一人称の動作主だということである。これらの例における「私」は、表現主体ではなく、一人称の動作主である。表現主体は表現をする主体であり、一人称の動作

主はその表現の中に登場する主体であって、両者は峻別されなければならないが、表現の上では重なるところも大きい。「私」は一人称の動作主であるが、結局のところは、表現主体と同一の人物を指している。

そういうことで、以下の考察では、一人称の動作主は表現主体に含めることとして、動作主は二人称、三人称に限ることとする。

三、主観の客体的表現の終止用法

結論を先に言えば、主観の客体的表現の終止用法は、原則として、表現主体の主観を表し、二、三人称の動作主の主観を表すことはできない。たとえば、

・私は　母がとても恋しい。
・私は　水が欲しい。
・私は　酒が好きだ。（形容動詞）
・私は　明日は晴れると推量する。（動詞）
・私は　そうだと思う。（動詞）

などは、いずれも自然な表現である。それに対して、

・君／彼は　母がとても恋しい。
・君／彼は　水が欲しい。
・君／彼は　酒が好きだ。（本章第五節で触れる。）
・君／彼は　明日は晴れると推量する。
・君／彼は　そうだと思う。

などは、いずれも不自然で、受け入れにくい表現である。

どうして、終止用法では表現主体（一人称の動作主）以外の主観を表すことができないのか。それは、日本語においては、文として言い切りになるところに、表現主体の主観は示されていいが、表現主体以外の人物の主観は、そのままには表現することができないからである。

・彼は　母がとても恋しい（のだ／らしい／そうだ／ようだ／のだろう／にちがいない）。
・君は　水が欲しい（のだ／のね／よね／のだろう／にちがいない）。

などのように、「のだ」「らしい」「そうだ」「ようだ」「のだろう」「にちがいない」「のね」「よね」など、表現主体の主観を表す表現が付加されれば、「君」や「彼」でも自然な表現になる。

英語などでは、[He is happy.] [She thinks so.] は自然な表現である。こういう制約は、日本語における もので、言語に普遍的なものではない。

四、主観の客体的表現の非終止用法

本章の第二節に表現主体以外の動作主の主観を表現する例としてあげた、

・あなたは水が欲しいのですか。
・花子は母が恋しくて、泣いた。
・青春時代の懐かしい人はたくさんいる。

などの形容詞は、いずれも終止用法のものではない。つまり、終止用法でなければ、二、三人称の動作主の主観も表すことができるのである。それはどうしてであろうか。

・あなたは水が欲しいのですか。

の「欲しい」は、「水が欲しい」という叙述（素材的部分。命題[proposition]とも呼ぶ）の中における表現である。この叙述に、「のですか」という表現主体の主観の表現が加わって、初めて具体的な表現になっている。「水が欲しい」「あなたはそうなのですか」という表現構造になっているのである。

・花子は母が恋しくて、泣いた。

の「恋しい」も、「花子は母が恋しくて…」と続く叙述の中における表現であって、叙述の中の表現であるから、動作主の主観を表しても不自然ではないのである。

・酒の好きな太郎は晩酌が止められない。

の「好きだ」は形容動詞だが、これも「酒の好きな」は叙述の中の一部である。また、

・太郎は、それがいいことだと思って、やったのだ。
・君がそう仮定するのは勝手だが、

などの「思う」や「仮定する」は動詞の例だが、「思う」は、「それがいいことだと思って、やった」という叙述の中における表現であり、「仮定する」も、「君がそう仮定する」という叙述の中の表現である。これらの叙述を埋め込んだ主文の文末に、表現主体の主観の表現が付加されて具体的な表現が成立しているのである。

以上を要するに、非終止用法というのは、いずれも、叙述の中の表現であり、叙述の中には、二、三人称の動作主の主観が客観的表現として表現されてもいいということである。

五、透視的視点からの描写

ところで、終止用法であっても「た」の付いた形であると、二、三人称の動作主の主観を表すことができるという意見がある。たとえば、寺村秀夫(1)は、

ここで従来一般に見落されているように思うのは、文末の形容詞がいわゆる過去形をとったと

きにも、やはり不自然さがなくなる、という事実である。

と述べ、

・太郎は水が欲しかった。
・次郎は蛇がこわかった。
・彼は三郎が羨ましかった。
・老人はその子の親切が嬉しかった。

などの例をあげて、

これらはどれもきわめて自然な、「文法的な」文であるといえるだろう。

と述べている。そして、寺村は、これは、「た」によって文のもつムードが感情表出のムードから主張のムードに変わるからだと説明している。

・彼は死ぬと思う。
・彼は死ぬと思った。

の二つを比べて、前者の「思う」はどうしても「私が」だが、後者の「思った」は「彼が思った」可能性も大いにあるだろうとも述べている。

しかし、金水敏《きんすいさとし》(2)も指摘しているように、

・a「その時太郎は、どんなだった?」
　b「うん、水が欲しかった」

のような文脈では許容度(=自然さ)がかなり落ちる。

以上にあげた「た」の付いた例について、改めてその許容度を吟味してみると、これらの表現は、いずれも小説や物語の地の文にふさわしいものであり、日常一般の表現としては、あまり自然な表現であるとは言えない。これらの表現は、書き手あるいは語り手(=表現主体)が、相手あるいは第三者(=二、三人称の動作主)の主観(=心のうち)を見透かすような視点――これを透視

的視点と呼ぶことにする――に立って、他者の心中を描写しているものである。たとえば、

・太郎は水が欲しかった。

は、書き手あるいは語り手が、太郎の欲しかったという気持を描写している表現である。「ている」の付いた形でも、「た」の付いた形と同じ程度に、自然さが感じられる。

・彼は死ぬと思っている。
・年老いた両親は娘が一日も早く帰国できるようになることを願っている。

「ている」は形容詞には付かないので、ここは動詞だけの問題になるが、「た」にしろ、「ている」にしろ、それらが付いた形は、付かない形に比べて、そういう描写をする表現によりふさわしい表現になるので、許容度が高くなるのだと思われる。

この透視的視点に立った「語り」（金水敏の用語）ならば、「た」や「ている」の付かない形の終止用法でも、二、三人称の動作主の主観を表すことができる。たまたま手元にある中野重治の小説「むらぎも」(3)の中から、例を拾ってみる。

・(安吉は) しかし泉たちとは一日もいっしょにいたくない。
・安吉の頭にフリーダ・ルビナーというドイツ人の名が浮かんできた。よくも知らないが、知らないままで安吉はそれを女だと思って考えている。このフリーダ・ルビナーは専門のようにしてレーニンをドイツ訳している。訳者の名の出ていないのでも、彼女(?)の手になるのをずいぶん安吉たちが使っているのではないかと思う。どんな女なのだろう? 若くもない女のようにも思われるが、
・女中が呆気《あつけ》に取られて、困りきっているらしいのが隣りの安吉にもわかる。
・(長屋五郎という男は) 嘘は吐かない。悪事は働かない。金儲《かねもう》けも好きでない。しかし頼りには、どこまでもならない。その長屋が (安吉は) へんになつかしい。顔を見てしゃべりたい…

二人称と三人称の動作主を一括して考えてきたが、その中で、二人称は聞き手あるいは読み手を客体化したもので、その聞き手あるいは読み手は、表現を成立させる場面を構成するものであるから、描写されることにはなじまない。場面を構成している相手を描写するということは一般にはない。したがって、二人称の場合は、三人称の場合よりも一層描写的表現が不自然になる。たとえば、

・君は、その人がたいへん懐かしい。しかしその人がにくい。ともかく早く会って話し合ってみたいと思う。

などという表現は、推理小説の結末部分で、捜査官が聞き手である容疑者に容疑事実を説明（描写）してみせ、それを認めさせるような文脈でしか成立しない。この文は、要するに二人称の動作主の主観を透視的視点から描写しているのである。

・あいつはほんとに酒が好きだ。
・君は酒が好きだ（なあ）。

などは、三人称、二人称の動作主の主観を表しているように見えるが、これらの「好きだ」は、「よく飲む」と同じような意味で、外部から見た状態を表現（＝描写）しているものと解される。「あいつ」あるいは「君」が本当に酒が好きだと思っているのかどうかは別である。「あいつ」や「君」にあたる動作主は、

・いや、そう見える（思われる）かもしれないが、あまり好きではないんだよ。無理して飲ん

でいるんだよ。

と答えるかもしれない。また、

・彼は酒がきらいなふりをしているが、本当は好きだ（／好きなのだ）。

では、「好きなのだ」の方がはるかに自然である。繰り返しになるが、主観の客体的表現の終止用法は、原則として、表現主体の主観を表し、二、三人称の動作主の主観を表すことはできないのである。

六、主観の客体的表現の連用修飾用法

主観の客体的表現は、連用修飾用法においては、多くの場合、一人称を含めた動作主の主観を表す。たとえば、

・ありがたく頂戴して、帰った。

・懐かしく拝見いたしました。

は、動作主がありがたい気持ちで頂戴した、あるいは、動作主が懐かしい気持ちで拝見した、というのであり、いずれも、頂戴したり、拝見したりする動作主の主観を表現している。動作主は一人称であってもいいし、二、三人称であってもいい。動作主がありがたく思うのであり、懐かしく思うのである。

・楽しく遊んだ。
・さびしく暮らしている。

などにおいても同様である。動作主が楽しく思うのであり、さびしく思うのである。

しかし、主観の客体的表現の連用修飾用法のうち、注釈の意を表すものは、表現主体の主観を表す。たとえば、

・珍しく一週間ぶりに雨が降った。

は、「一週間ぶりに雨が降った」ことが表現主体にとって珍しいのであり、

・不思議に参加者が多い。

は、「参加者が多い」ことが表現主体にとって不思議なのである。表現主体が珍しいと思うのであり、不思議に思うのである。

前掲の、

・ありがたく頂戴して、帰った。

・懐かしく拝見いたしました。

の「ありがたく」や「懐かしく」は、動作主の情意を表しているものであり、

・手を強く握る。

・速く走る。

などの「強く」や「速く」と共通している。「強く」「速く」は、動作主の動作が行われる状態を表しているものであり、情意を表す「ありがたく」「懐かしく」とは状態を表すものと情意を表すものという違いはあるが、〈動作主〉の状態なり情意なりを表現しているものである点では共通している。これらを情態修飾と呼ぶ。

それに対して、

・珍しく一週間ぶりに雨が降った。
・よくこんな嵐の日に来たねえ。
・折悪しく雨が降りだしてきた。

の「珍しく」「よく」や「折悪しく」は注釈修飾と呼ぶべきものである。表現主体の何らかの注釈や評価を表すものだからである。情態修飾と注釈修飾とには著しい相違がある。情態修飾は叙述の内部の表現であり、注釈修飾は叙述の外側の表現である。情態修飾は叙述の内容を豊かにするものであるが、注釈修飾は叙述の内容に対する叙述の外からの注釈である。たとえば、

・珍しく毎日楽しく働いている。

において、情態修飾「楽しく」は、叙述「毎日働いている」の内部に入り、その内容を詳しく豊かにしている。「毎日働いている」だけではどういう気持ちで働いているのかわからないが、「楽しく」が加わると楽しいという気持ちで働いていることがわかるようになり、それだけ叙述の内容が詳しく豊かなものになる。それに対して、注釈修飾「珍しく」は、叙述「毎日楽しく働いている」の内容を詳しくも豊かにもしない。叙述「毎日楽しく働いている」の外側にあって、その内容に対して注釈を加えているのである。この関係は、次のように図示することができる。

注釈修飾は、修飾する対象を選ばない。たとえば、「珍しく」は、

・珍しく　ありがたく頂戴して、帰った。
・珍しく　懐かしく拝見いたしました。

・珍しく　雨がざあざあ降る。
・珍しく　楽しく遊んだ。

など、これまでにあげてきた例文のほとんどすべて、どんな叙述の内容をも修飾対象とすることができる。これは、

・楽しく泣く。
・雨が青く降る。

などの情態修飾「楽しく」や「青く」が「泣く」や「降る」を修飾することができないように、情態修飾の場合、修飾対象に制限があるのと大きく異なるところである。しかしこれはむしろ当然のことで、情態修飾は動作の行われるときの状態や情意を修飾限定するものであるから、動作と関係が強く、修飾対象を選ぶことになるが、注釈修飾は叙述の外側にあって、その客観的内容に対して、外側から主観的に修飾限定するものであり、修飾内容は主観的なもの、修飾対象は客観的なものので、双方異質なものであるから、修飾対象（＝叙述内容）を選ばないのである。

形容詞の連用修飾用法で注釈修飾になるのは「珍しく」や「良く」「折悪しく」くらいのもので、「良く」「折悪しく」は「良くも」「折悪しくも」のように「も」の付いた形で用いられることが多く、「珍しく」はまさに珍しい例ということになるが、連用形に「も」が付いたり、連体形に「ことに」が付いたりした形で注釈修飾になるものはたくさんある。

①形容詞の連用形に「も」の付いた形

惜しくも　嬉しくも　早くも　良くも　折悪しくも

②形容詞の連体形に「ことに」の付いた形

うまいことに　いいことに　惜しいことに　悪いことに　つらいことに　嬉しいことに

面白いことに　とんでもないことに

形容動詞も、形容詞と同じ意味を表すから、次にあげるように形容詞とまったく同様に、連用形に「も」が付いた形、連体形に「ことに」が付いた形で注釈修飾になる。

③注釈の意味を表す形容動詞の連用形

確かに　幸いに　不思議に　本当に　見事に

④形容動詞の連用形に「も」の付いた形

幸いにも　不思議にも　残念にも　無念にも　好都合にも

⑤形容動詞の連体形に「ことに」の付いた形

幸せなことに　不幸なことに　残念なことに　嫌なことに　好都合なことに　不思議なことに

形容詞、形容動詞、動詞の連用形に「たこと」が付いた形⑥も注釈修飾になるし、第一番にあげるべきだったかもしれないが、注釈修飾専用の副詞⑦もある。

⑥形容詞、形容動詞、動詞の連用形に「たこと」の付いた形

よかったことに　嬉しかったことに　幸せだったことに　不思議だったことに　困ったことに　弱ったことに

⑦注釈的な意味を表す副詞

もちろん　むろん　当然　幸い　あいにく

形容詞の連用形の注釈修飾からいささか離れたついでに言えば、「わざと」「故意に」「うっか

り」「無意識に」などは、情態修飾とも注釈修飾とも異なった修飾である。これらは、表現主体の主観を表すものではなく、動作主の主観を表すものである。その点では情態修飾と同じものと考えていい。しかし、動作主の主観と言っても、意識（つもり）を表しているという点で注釈修飾に共通するところがある。したがって、

・わざと　さびしく暮らしている。
・故意に　楽しく遊ぶ。

などのように、情態修飾を修飾することができる。これらの表現は、

太郎は　わざと
　　　　↓さびしく暮らしている

のように図示することができ、動作主の動作（の情態）についての、動作主の意識を表している。これを仮に意識修飾と呼んでおこう。

七、注釈修飾と主観の表現

次にあげる諸例の、それぞれのaとbとを比較し考えてみたい。aは、形容詞の連用形に「て」の付いた形、または形容動詞の連用形「～で」という形で、接続用法や並立用法になっている。それに対して、bは、形容詞の連用形や形容動詞の連用形「～に」という形、あるいはそれに「も」の付いた形で、連用修飾用法になっている。

(1) a彼はそれが惜しくて泣いた。
　b彼は惜しくも負けた。
(2) a彼はそのことが残念で泣いた。
　b彼は残念にも負けた。
(3) a彼はそのことが良くてやってくれたのだ。
　b良くもやってくれた。
(4) a彼はそのことが珍しくて参加したのだ。
　b彼は珍しく（も）参加した。

(5)　a彼はそのことが不思議で首をかしげた。
　　b彼は不思議に（も）首をかしげた。

右のaには、接続用法の例だけをあげたが、

(6)　a彼はそれが残念で悲しくて泣いたのだ。
(7)　a彼はそのことが珍しくて嬉しいのだ。

などのように、この形には並立用法もある。

右の(1)から(7)までの例によると、aのような接続用法や並立用法の場合には、一人称も含めて動作主（例文では「彼」）の主観を表し、bのような連用修飾用法の場合には、表現主体の主観（＝注釈）を表すという、顕著な対応が認められる。

その理由を考えてみると、接続用法、並立用法というのは、動作主についてその情態を述べているものである。(1)aで言えば、「彼がそれが惜しい」のである。また、(6)aで言えば、「彼がそれが残念だ」というのである。しかも、文の中に位置している。つまり、叙述の内部である。したがって、動作主の主観を表現しても不自然にならない。そういうことで、動作主の主観を表すことにな

るのである。

それでは、連用修飾用法の場合は、どうして表現主体の主観を表すことになるのか。それについて考える場合、まず、連用修飾の表現は、動作主を主格としてとることがないということを想起しなければならない。それでも、

・楽しく遊んだ。
・さびしく暮らしている。

などのように、動作の行われる情態を表す連用修飾の場合、動作主がそういう情意で動作をするということであるから、結局のところは動作主の主観を表すということにもなるが、注釈修飾の場合は、動作の行われる情態を詳しくするものではなく、動作を含めた叙述を修飾するものであるから、動作主は、注釈の対象にこそなれ、注釈の内容が、動作主の主観であるということはありえない。動作主を含めた叙述内容に対する注釈ということであれば、それは表現主体の主観でしかありえないことになる。

八、修飾のスコープと焦点

ここでいう「修飾のスコープ（＝作用域）」とは、修飾の対象となることができる最大領域（＝範囲）のことである。また、「修飾の焦点」は、特定の文または文脈の中で、実際に修飾されていると解釈される部分、と定義しておきたい。

注釈修飾は、叙述内容に対してその外側から注釈を加えるものであるから、そのスコープは、叙述内容全体である。

以下、しばらく、

・太郎が車で学校に来た。

という例文によって考察を進める。表現としては、「太郎は車で学校に来た。」のように「太郎は」とするのがより自然であるが、焦点について考える場合には、とりたての表現である「太郎は」よりも主格の「太郎が」の方がより適切なので、「太郎が」という例文によることにする。さて、この文の文頭に「珍しく」が入った、

・珍しく太郎が車で学校に来た。

の「珍しく」の修飾のスコープは、「太郎が車で学校に来た」という叙述内容全体である。これは、次のように図示することができる。

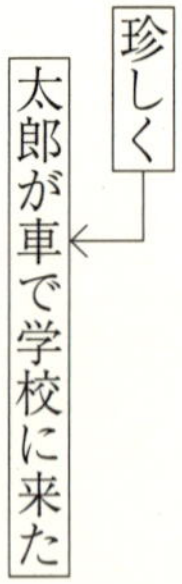

ただし、「珍しく」の置かれる位置によって、スコープは変わることがある。たとえば、

・太郎が珍しく車で学校に来た。

のように、「珍しく」が「太郎が」の後に置かれると、その修飾のスコープは、「車で学校に来た」になる（と解釈されやすくなる）。これを図示すると、次のようになる。

また、

太郎が
珍しく
車で学校に来た

・太郎が車で珍しく学校に来た。

のように、「珍しく」が「車で」の後に置かれると、その修飾のスコープは、「学校に来た」になる（と解釈されやすくなる）。これを図示すると、次のようになる。

太郎が車で
珍しく
学校に来た

このように、注釈修飾の置かれる位置によってその修飾のスコープは変動することがあり、普通、注釈修飾よりも前に位置する部分は、その修飾のスコープから除外される（と解釈されやすい）。

スコープ、つまり最大領域の場合は、それがどの範囲であるのか、判定が揺れることも多いが、焦点の場合は、その部分がどこであるのか、もう少し判定しやすい。注釈修飾の焦点は、注釈修飾の置かれる位置やプロミネンス、ポーズなどの置かれ方によって、さまざまに移動する。たとえば、

・(1) 太郎が (2) 車で (3) 学校に (4) 来た。

の(1)から(4)のいずれの位置にも、「珍しく」は入ることができるが、

・珍しく太郎が［プロミネンス］［ポーズ］車で学校に来た

のように、(1)の位置に入り、「珍しく太郎が」と続けて発音し、「太郎が」の次にポーズを置き、あるいは「太郎が」の部分にプロミネンスを置けば、「珍しく」の修飾の焦点は、「太郎が」に定まる。そして、ほかの人が（車で）学校に来るのは珍しいことではないが、太郎はめったに学校に来ない、その太郎が珍しく、というような意味になる。「珍しく」が(2)の位置に入っても、

・太郎が珍しく［ポーズ］車で学校に来た

のように、「太郎が珍しく」と続けて発音し、「珍しく」の次にポーズを置くと、やはり焦点は「太郎が」の部分に定まり、太郎はめったに学校に来ない、その太郎が珍しく、というような意味になるようである。（この場合、プロミネンスはどのように置かれるのか定かでない。）

「珍しく」が(2)の位置に入った場合、

・太郎が珍しく車で［プロミネンス］［ポーズ］学校に来た

のように、「珍しく車で」と続けて発音し、「車で」の次にポーズを置き、あるいは「車で」の部分にプロミネンスを置くと、「珍しく」の修飾の焦点は、(1)の位置に入った場合と同様に、その直後に位置する「車で」に定まる。そして、太郎は、電車やバスで学校に来るのが普通で、車ではめったに来ないのだが、それが珍しく車で、というような意味になる。(3)の位置に入っても、

・太郎が車で珍しく［ポーズ］学校に来た

のように、「車で珍しく」と続けて発音し、「珍しく」の次にポーズを置けば、「車で」が焦点になるようである。

「珍しく」が(3)や(4)の位置に入った場合でも、同様に、

・太郎が車で珍しく学校に[プロミネンス][ポーズ]来た

・太郎が車で学校に珍しく[ポーズ]来た

のように発音されると、「学校に」が焦点になる。太郎はほかの所には車で行くことも多いが、車で学校に来ることはめったにない、その学校に珍しく、というような意味になる。

ただ、修飾は修飾対象の前に置かれるのが普通の順序であるから、「太郎が珍しく」「車で珍しく」「学校に珍しく」などのように、注釈修飾が後に位置し焦点の置かれる部分が前に位置するという表現はやや不自然である。したがって、ポーズを置いたりして、補正しているのである。これらは、「珍しく」を直前に置くのを忘れたために、直後に言い足したような感じがする。

以上、形容詞の連用形「珍しく」の例だけについて検討してきたが、これは形容動詞の連用形「確かに」「不思議に」などを始めとして、ほかの注釈修飾についてもまったく同様に言えることである。つまり、注釈修飾をある表現の直前あるいは直後に置き、両者を続けて発音して、次にポー

ズを置き、そのある表現の部分にプロミネンスを置くと、その部分に修飾の焦点が定まる、ということである。

ここまで検討を進めてきて、もう一度考えてみると、注釈修飾が⑴の位置に入った場合でも、

・珍しく太郎が車〔プロミネンス〕で学校に来た
・珍しく太郎が車で学校〔プロミネンス〕に来た

のように、「車で」や「学校に」の部分にプロミネンスを置けば、その部分が修飾の焦点になるようである。また、⑷の位置に入った場合でも、

・太郎〔プロミネンス〕が車で学校に珍しく来た
・太郎が車〔プロミネンス〕で学校に珍しく来た

のように、「太郎が」や「車で」の部分にプロミネンスを置くと、やや不自然ではあるが、その部分が修飾の焦点になりそうである。そういうことになると、この節の最初に、

・太郎は珍しく車で学校に来た。
・太郎は車で珍しく学校に来た。

などについて、「珍しく」が「太郎は」の後に置かれると、その修飾のスコープは、「車で学校に来た」になり、「珍しく」が「車で」の後に置かれると、その修飾のスコープは、「学校に来た」になる（と解釈されやすくなる）、と述べた修飾のスコープも、もう一度考え直さなければならなくなる。

焦点は、必ずスコープの中にあるものである。スコープの中から焦点が絞られるのである。注釈修飾が(4)の位置に入った場合でも、前掲のように、「太郎が」や「車で」の部分が修飾の焦点になることがあるとすれば（あるとすればではなく、あるのだから）、スコープもそこまで拡大されなければならない。つまり、修飾のスコープについての結論は、

注釈修飾の入る位置のいかんにかかわらず、その修飾対象のスコープは叙述内容全体でありうる。ただし、注釈修飾よりも前に位置する部分は、そのスコープから除外されると解釈されやすい。

のように修正されるべきであろう。注釈修飾の内容（意味）は、叙述内容に対する表現主体の主観（注釈）であるから、その修飾対象の最大領域（＝スコープ）は叙述内容であり、その領域の中で中心的に修飾の対象とされる部分（＝焦点）はいろいろに移動するというのが、妥当な理解であろう。

注釈修飾の焦点が、どのような表現によってどのように定まるかについては、以上の検討でほぼ明らかになった。また、以上の検討を通して、注釈修飾のスコープの中に焦点が存在することも明らかになった。しかし、そのこと以前に、そもそも、焦点が存在するのはどういう場合であるか、どういう場合に焦点は生ずるのか、ということが問題である。焦点はどの表現にも存在するわけではない。スコープの中に焦点の存在しない場合もある。そういう場合は、スコープ全体がいわば焦点になる。たとえば、

・珍しく体調がよい。
・あいにく今日は雨だ。

などにおいては、「体調がよい」ことの全体が「珍しく」だというのであり、「今日が雨である」こ

との全体が「あいにく」だというのである（と解釈されるのが最も自然であろう）が、これらの場合、スコープである「体調がよい」ことや、「今日が雨である」ことの全体が修飾の対象であり、焦点を特に問題とする必要はない。焦点はスコープの中の中心的な部分のことである。注釈修飾「珍しく」が(1)の位置に入った、

・珍しく太郎は車で学校に来た。

において、「車で」の部分が「珍しく」の修飾の焦点になることができるのは、学校に行く手段として、「車で」のほかに「電車で」「バスで」「歩いて」などの方法がある場合である。「車で」しか学校に行く方法がないならば、「珍しく」という注釈の中心的な対象にはなりえない。いろいろな行き方があって、しかも「車で」行くのはめったにない行き方であるから、「珍しく車で」ということになるのである。

これは「確かに」でも「不思議に」でも「もちろん」でも同様である。たとえば、

・確かに太郎は車で学校に来た。

において、「車で」が「確かに」の修飾の焦点になることができるのは、学校に行くのにいろいろな方法があるからで、その中の一つの方法である「車で」を、ほかの方法ではなく、「確かに車で」と注釈することになるのである。学校に行く方法が「車で」の一つしかなかったら、「確かに」などとわざわざ注釈を加える必要はない。

・珍しく太郎は車で学校に来た。

において、「学校に」も「珍しく」の修飾の焦点になることができる。それは、「車で」の場合と同様に、（車で）行く場所が「学校に」のほかに、「スーパーに」「病院に」「実家に」など複数ある場合である。（車で）行く場所が「学校に」の一つしかないならば、「珍しく」という注釈の中心的な対象にはなりえない。（車で）行く場所がいろいろあって、しかも「学校に」はめったに（車で）行かないので、「珍しく学校に」ということになるのである。これは、「確かに」「不思議に」「もちろん」などほかの注釈修飾の場合でも同様である。

久野《くの》暲《すすむ》[4]は、否定辞のスコープについて、

> 否定辞「ナイ」の否定のスコープは、それが付加されている動詞、形容詞、「Xダ」に限られ

る。そのスコープが、上の制限を越えるのは、否定の焦点が「マルチプル・チョイス」式インフォーメイション構造を持っている場合のみである。

と述べている。久野の言う「マルチプル・チョイス」式インフォーメイション構造というのは、

・太郎は─┬○車で──┬来た。
　　　　 ├電車で─┤
　　　　 ├バスで─┤
　　　　 └歩いて─┘

のように、並列する複数の選択項の中から選択されるような構造のことであるが、注釈修飾の焦点も、その部分が「マルチプル・チョイス」式インフォーメイション構造をもっている場合であるということができる。

　意識修飾「わざと」の類も、注釈修飾に共通するところがあり、これにも修飾のスコープと焦点が存在する。たとえば、

・今日太郎はわざと車で学校に来たのだ。

の「わざと」の修飾のスコープは「今日車で学校に来た」である。これは、次のように図示することができる。

わざと → 今日 太郎は 車で学校に来た のだ

つまり、意識修飾のスコープは叙述内容から動作主を除いたものである。動作主は意識修飾のスコープの中には入らない。意識は、言うまでもなく、動作主のものだからである。意識修飾の焦点は（そして、スコープも）、注釈修飾の場合と同様に、意識修飾の置かれる位置や、ポーズ、ポロミネンスなどの置かれ方によって、いろいろに変動する。そして、焦点になることができるのは、これまた注釈修飾の場合と同様に、選択項を有する「マルチプル・チョイス」式インフォーメイション構造をもつ部分である。意識修飾と注釈修飾とは、動作主の主観と表現主体の主観という違いはあるが、主観を表すものであるという点で共通しており、それが類似した表現をとらせるのである。

【注】

（1）寺村秀夫 一九八四『日本語のシンタクスと意味Ⅱ』「〝た〟の意味と機能――アスペクト・テンス・ムードの構文的位置づけ――」くろしお出版 三四八ページ

（2）金水敏 一九八九「『報告』についての覚書」仁田義雄・益岡隆志編『日本語のモダリティ』くろしお出版 一二二ページ

（3）中野重治 一九五四「むらぎも」現代文学大系36『中野重治集』一九六六 筑摩書房

（4）久野暲 一九八三『新日本文法研究』「第8章 否定辞と疑問助詞のスコープ」大修館書店 一三〇ページ

【付記】

本章は、『表現文法の方法』（大修館書店 一九九六）の「表現主体の主観と動作主の主観」によった。

第四章　形容詞の意味と構文

一、主格と主題

形容詞文は、いろいろないわゆる「主語」をとるので、最初に「主語」の定義をしっかりと確認しておかなければならない。

・私は　リンゴは　食べた。

の「私は」と「リンゴは」の違いを明らかにするためには、「は」を格助詞に替えてみるのがいい。

・私が　リンゴを　食べた。

のように、「は」を格助詞に替えると、「私は」は主格であり、「リンゴは」は目的語であるということが分明になる。「私は」のように「…が」に相当する「…は」を一般に主語と呼んでいるが、「…は」には、「…が」のほかに「…を」や「…へ」「…に」「…と」などに相当する場合もある。

・アメリカは（＝へ）　行ったことが　ある。
・太郎は（＝に）　花子が　リンゴを　食べさせた。
・太郎は（＝と）　花子が　一緒に　行く。

つまり、「…は」は、常に主語となるわけではない。ということは、「…は」には、主語を表すのとは違った働きがあるということである。

「…は」の働きは、要するに、とりたてということである。「は」に上接した部分を特別にとりたてて、それについて述べるもの――話題――にする、という働きである。

・私は　リンゴを食べた。

というのは、私はどうしたか、私について述べると――話題にすると――、私はリンゴを食べた、という表現である。

・私が　リンゴを食べた。

は、私が食べた、というように、食べた人と食べられた物とを述べたもの、つまり、リンゴを食べたのが私であるということを述べたもので、リンゴについて――リンゴを話題にして――リンゴをどうしたかということを述べたものではない。そこが、「…は」と「…が」の違うところである。「は」が提題の助詞などと呼ばれるのも、この、何かを話題として提示することを言ったものである。

この提題（＝とりたて）の仕方には二つの方法がある。その一つは、特定しない多数の中から絶対的にとりたてて行う提題である。「私はリンゴを食べた。」について言えば、ほかの誰のことも念頭に置かず、つまり、絶対的に、自分のことだけを話題としてとりたてて、「私は…」と述べる場合である。

もう一つは、特定の有限数の中から相対的にとりたてて行う提題である。たとえば、太郎と次郎と花子の三人（＝特定の有限数）がいて、その中の太郎が、ほかの二人のことを念頭に置きながら、「（ほかの二人のことは知らないが）私は、リンゴを食べた。」と言えば、この「私は…」は、相対的なとりたてによる提題ということになる。

この二つの提題の仕方は、もちろん、主格の場合だけに適用されるものではない。「私はリンゴは食べた。」の「リンゴは」についても、同様に言えることである。この「リンゴは」の場合は、相対的なとりたてと解釈されやすく、絶対的なとりたてには解釈しにくい。最初の「私は」がほかの人のことを考慮に入れない絶対的なとりたてと解釈され、次の「リンゴは」は、バナナでも蜜柑でも、あるいはご飯でもなく「リンゴを」と解釈されるのが自然である。しかし、それは目的格の場合には決まって相対的なとりたてになりやすいということでは決してない。たとえば、

・憲法は、守らなければならない。

の「憲法は」は目的格のとりたてであるが、これは、ほかのものは守らなくてもいいが、憲法は、というような相対的なことを言っているのではなく、憲法について絶対的にとりたてているものと解釈するのが自然である。

ただ、絶対的なとりたてと見るか、相対的なとりたてと見るかは、表現する人、あるいは表現されたものを理解する人の一存にかかっており、とりたて方は、絶対と相対の双方に揺れる。前掲の「憲法は、守らなければならない。」にしても、ほかの何かは守らなくてもいいが、憲法は、というように解釈して、相対的なとりたてと見ることもできなくはない。

一般に、主題と呼ばれているものが絶対的なとりたてによる提題に相当し、対比とか対照と呼ばれているものが、相対的なとりたてによる提題に相当するが、むしろ、とりたて方の違いそのままに、前者を絶対的主題、後者を相対的主題と呼ぶ方がその内実によりふさわしい呼称かもしれな

い。ともかくここで重要なことは、両者がとりたてという点で根を一つにしているものであるということである。

以上に見たように、主格と主題は、まったく別のものである。主題は、主格の場合だけではない。こういうものを区別しないで、主語とするのは、文の構造を正しくとらえる上で大きな弊害になる。日本語の文法を考える上では、主語という術語は不必要で、主格と主題という術語があれば十分であり、また、その方が妥当である。

二、客観的表現の形容詞が作る構文

主格と主題をしっかりと区別した上で、形容詞の作る文、つまり形容詞文の構造について考えてみよう。まず、客観的表現の形容詞が作る文の構造についてである。「長い」「白い」「高い」「はげしい」「遅い」などが客観的表現の形容詞であるが、たとえば、「長い」は、

・象が　鼻が　長い。

という「…が、…が」構文を作ることができる。「象が鼻が長い」は少し不自然な表現で、

・象は　鼻が　長い。

の方が自然で受け入れやすい表現である。しかし、「何が（一番）鼻が長いか」という質問に対する答えならば、「象が…」も決して不自然ではない。ここでは、主格と主題を峻別して主格について考えるので、やや不自然であるが、「象が…」の形を例として考察を進めることにする。

ただ、以下、「…が、…が」という例文をあげる度に、違和感をつのらせ、議論の内容自体にまで抵抗感をもってしまう読者が出てくることが予想されるので、なぜ「象が…」のような表現が不自然になるのか、簡単に説明しておきたい。

主格の「…が」には、大きく分けて二つの用法がある。その一つは、

(a)・犬が　走っている。
・太郎が　遊びに来た。
・あら、犬が　いる。こわい。
・わあ、西の空が　赤い。
・雨に濡れて、庭の花が　美しい。

などの場合で、これらの「…が」は、述語の表す動作・存在・状態などの主体（いわゆる主語）が、何であるか、誰であるかを中立的に表しているものである。最初の例で言えば、「走っている」という動作の主体が「犬」であるということを中立的に表している。それに対して、もう一つは、

(b)・太郎が　親切だ。
・東京が　首都だ。
・次郎が　いつも早起きをする。
・花子が　美しい。
・富士山が　高い。

などの場合で、これらの「…が」は、述語の主体を中立的に表すのではなく、述語の主体に相当するものが、それだけであることを表している。最初の例で説明すれば、「太郎」だけが「親切である」こと、親切なのは太郎だけであるということを表している。したがって、太郎のほかにも親切な人がいるときに、「太郎が親切だ」と言うと、嘘をついたことになる。太郎のほかにも親切な人がいる（親切であるのは太郎だけでない）のが普通であるから、「太郎が親切だ」は不自然で、座

りの悪い表現である。

(a)の「犬が走っている」の場合は、犬以外に走っているものがいても嘘にはならない。(a)の「犬が走っている」は、「犬が走っている」のが「犬」だけであることを表す場合もあるが、ただ中立的に「犬」であることを表す場合もあるから、犬以外のものが走っていても嘘にはならない。

(a)のような「…が」の用法を中立叙述と呼び、(b)のような「…が」の用法を総記と呼ぶ。こういう二つの用法の違いについて最初に指摘したのは黒田成幸《しげゆき》(1)であるが、黒田によれば、この違いは述語の表す意味の違いによるものであり、

(a)述語が動作・存在・一時的状態を表す場合——中立叙述・総記
(b)述語が恒常的状態・習慣的動作を表す場合——総記

のように整理することができる。つまり、(a)の場合は中立叙述にも総記にもなるが、(b)の場合には総記にしかならないということである。

ここで、形容詞にしぼって考えてみる。形容詞の表す状態は、一時的なものであったり、恒常的なものであったりする。(a)にあげた、

・わあ、西の空が　赤い。
・雨に濡れて、庭の花が　美しい。

などの「赤い」「美しい」は、一時的状態を表している。「わあ」や「雨に濡れて」を入れて、恒常的状態を表すという解釈の余地を封じたのである。したがって、「…が」は中立叙述になる。しかし、

・西の空が　赤い。
・庭の花が　美しい。

のように、「わあ」や「雨に濡れて」を削除すると、「赤い」「美しい」は恒常的状態を表すことになり、(b)の総記の解釈を受けやすくなる。

また、こういう述語の場合でも、「何が赤いか」「何が美しいか」などの質問に対する答えであれば、「西の空が赤い」「庭の花が美しい」などは総記になる。

形容詞は、本来、基本的に、恒常的状態を表すものであるから、形容詞文の「…が」は一般に総記ということになり、①条件が与えられて一時的状態を表すような場合、あるいは、②質問に対す

る答えの場合など、特別な場合以外には、中立叙述の解釈を受けにくい。

・象が　鼻が　長い。

が、変に感じられるのは、次のような理由からである。「象が」の述語「鼻が長い」は一時的状態ではなく恒常的状態を表すものであり、したがって、「象が」は総記の解釈を受けることになる。つまり、象だけが鼻が長いという解釈になる。象は確かに鼻が長いが、ほかにも鼻の長い動物はいる（かもしれない）。それを象だけがと言い切ることになるので、不自然で、座りの悪い文だと感じられることになる。

もし、鼻が時間によって長くなったり、短くなったりする象がいたとすれば（そんな象はいるはずもないが）、

・わあ、すごい。今、象が　鼻が　長い。

のような表現が可能であり、この場合の「鼻が長い」は一時的状態を表し、「象が」は中立叙述に解釈することができるから、比較的、自然な表現になる。

また、「何が鼻が長いか」という質問に対する答えであるとすれば、「象が鼻が長い」はまったく不自然ではない。それは、この場合、「何だけが鼻が長いか」に対する「象だけが鼻が長い」という答えになっているからである。もし、象のほかにA、B、Cなど鼻の長いものがいたとしたら、「象とA、B、Cが鼻が長い」という答えになる。これも自然な表現である。これらは総記の用法である。そもそも「何が」という質問自体が総記であり、それに対する答えであるから、総記であり、自然な表現になっているのである。

以上縷々説明してきたが、

・象が　鼻が　長い。

は、やや不自然で座りの悪い表現であるが、それは、形容詞は恒常的状態を表すのが一般で、「象が」は総記の解釈を受けやすいからであり、決して、「…が、…が」という構文が非文法的なものであるからではない。

もう一つ、ここで、「象は鼻が長い」ではなく、やや不自然な「象が鼻が長い」の方を例文とするのには、三上章《みかみあきら》が「象が…」という形の存在を認めたがらないことに対する批判の意味も込められている。

三上は、一つの文に同じ格（ここでは主格）が二つ存在することを認めたがらなかった。晩年は私などとの議論を通して少し軟化したが。そして、「象は鼻が長い」の「象は」は「象が」ではなく「象の」が主題化したものであると主張した。

ところで、「長い」以外の形容詞も、次のような「…が、…が」文を作ることができる。

・あの娘が　色が　白い。
・あの男が　背が　高い。
・うちの犬が　気性が　やさしい。
・あの課長が　食事時間が　短い。
・主人が　帰宅が　遅い。

「あの娘は…」のような形がより自然な表現であることは、「象は…」の場合と同じなので、その理由の説明は繰り返さない。

前掲の諸例における、「象」と「鼻」、「あの娘」と「色」、「あの男」と「背」、「うちの犬」と「気性」などの関係は、すべて全体と部分という関係である。「あの課長」と「食事時間」、「主人」とと「帰宅」などの関係は、正確には全体と部分というよりも全体と部面の関係であるが、これらも大きくは全体と部分の関係に含めておいていいだろう。

・象が　鼻が　長い。

は、「象が」全体において「鼻が長い」のであり、「鼻が」の部分において「長い」と言うのである。確かに、三上の言うように、「象」と「鼻」以下の関係は、「象の鼻」、「あの娘の色」というような連体助詞「の」で結ばれる関係であるが、それは意味の上で、全体と部分の関係になっているからで、三上は、一つの文に同じ格が二つ存在することを認めないから、「象の」「あの娘の」としたのである。しかし、「…の」という連体の働きが「…は」という連用の働きになるという説明には無理がある。

繰り返し述べてきたように、「象が鼻が長い。」はやや不自然ではあるが、決して非文法的な文ではないし、現代には少ないが、古くは、第三節の(2)にあげるように、「…に、…に」あるいは「…を、…を」のような形で、全体と部分を重ねる構文があるのである。

結論を先に言えば、客観的表現の形容詞は、

・…が（＝全体主格）、…が（＝部分主格）述語（＝客観的表現の形容詞）

という構文を作ることがあるということである。「象が鼻が長い」で言えば、「象が」が全体主格で、「鼻が」が部分主格である。部分は全体の中の部分で、全体の中に部分はいろいろ存在するから、部分主格はいくつあってもいい。

・あの男が、背が高く、色が黒く、頭がよく、足が速く、…心がやさしい。

のように全体主格の下にいくつもの部分主格を並べることができる。また、全体主格は、全体主格であるがゆえに主題化しやすい。

・あの男は、背が高く、色が黒く、頭がよく、足が速く、…心がやさしい。

はより自然な表現である。

実は部分主格は三上の提唱になるものであるが、「象は」は「象の」の主題化したものであると見る三上には全体主格というものは考えられなかった。三上は、全体は主題によって表されるとしたのである。

三、全体主格と部分主格

⑴形容詞文における全体主格と部分主格

物の性質や状態というものは、単一あるいは一面的なものではなく、部分や部面によってさまざまである。その性質や状態の存在する部分や部面を主格で言い添えるのが部分主格である。

・象が　鼻が　長い。

は、「象」は「鼻」の部分で言うと「長い」と言うのである。「体」の部分で言えば「大きい」し、「力」の部面で言えば「強い」ということも言える。したがって、

・象が　体が　大きい。
・象が　力が　強い。

という表現も成り立つ。また、これらの性質や状態は同時に存在することができるから、

・象が　鼻が　長く　体が　大きく　力が　強く　気性が　やさしい。

という表現も成立する。

全体と部分とは相対的なものであり、部分の中にさらにその部分が存在するということもある。したがって、部分主格が入れ子のように二重、三重に重なる構文も存在する。たとえば、

・スポーツ選手が　顔が　色が　黒い。

の「顔」は「スポーツ選手」の部分であり、「色」はその「顔」の部面である。

前述したように、部分主格という呼称は、三上章の提唱になるものである。ただ、三上は、「…が、…が」のように、同じ格助詞による文の成分が、一つの述語に対して二つ用いられる構文を認めなかったから、「象が」は認めず、「象は」でなければならないとした。そして、

主題——全体ハ

のように、全体は、主格ではなく主題によって示されるとした。(2) したがって、三上においては、全体主格という術語は用いられない。

しかし、たとえば、「何が（一番）鼻が長いか」という問いに対して、「象が（一番）鼻が長い」と答えるのは、きわめて自然であり、「…が、…が」という構文の存在することは認めなければならない。「象が鼻が長い」が特別の文脈を与えないと不自然に感じられるのは、たとえば、「象が大きい」がこのままでは不自然に感じられるのと同じ理由によるもので、この点については、すでに第二節において詳しく述べた。

三上の言う通り、一つの述語に対して、同一の論理関係――たとえば主格という関係――に立つ成分が二つ、あるいはそれ以上存在するということは、理論上考えにくいことである。「私がリンゴを食べる」という文において、「食べる」という動作の主体は「私」であり、動作の対象は「リンゴ」である。「食べる」という動作は一つの主体と一つの対象しか取ることができない。「食べる」という動作のもつ論理関係―格関係―は、それだけであって、それ以外には考えられない。「私が」のほかに、もう一つ「…が」という主格があることは許されない。私のほかに太郎や花子も食べる場合もあるが、その場合でも、

・私と太郎と花子が　リンゴを　食べる。

となって、

・私が　太郎が　花子が　リンゴを　食べる。

とはならない。格助詞は、そういう論理関係を明示するものである。しかし、論理的には確かにその通りであるが、「…が、…が」という構造の文が日本語に厳として存在することも、事実として認めなければならない。三上も、この事実には目をつぶることができず、晩年には、

私も、ガ～ガ型は表層構造にだけあらわれるものであり、深層構造では二重主格は避けられる、と考えたい。

のように、「表層構造にだけ」という条件付きながら、認めるに至っている。(3) したがって、問題は、二重主格の文を認めるか認めないかではない。二重主格の文は存在するとしなければならな

い。それを認めた上で、どう説明することができるかである。

(2) 全体補充と部分補充

実は、同じ格の成分が二つ以上重ねられるのは、主格の場合だけではない。ほかの格の成分についても認められる。たとえば、山田孝雄《やまだよしお》は、次のような例をあげている(4)。

・罪深き者をば　首を　斬る。
・人つく牛をば　角をきり、人くふ馬をば　耳をきる。
・今は昔、天竺に　深き山の洞に　一の獅子住みけり。
・河内と大和との境に　金剛山といふ処に　城をかまへて、

こういう「…を、…を」「…に、…に」のような例は、現代語にはあまり認められないようである。

・タイム・スイッチを　左の方へダイヤルを　合わせてください。
・その寄宿舎の入口で、玄関で、時にはまだ年のいかない女生徒なぞを伴ひながら出てくる繁子とさまざまな話をして、（島崎藤村『桜の実の熟する頃』）

前者は三上のあげた例であり、後者は時枝誠記のあげている例である。ただし、後者は、「寄宿舎の入口」と「玄関」とが、意味上、全体と部分の関係になっていない。「すなわち」というような関係で、言い換えているものである。

このように、現代語には、例があまり多く認められないようだが、古典の言葉からは、山田のあげた例のほかにも、

・京《みやこ》に｜　思ふ人に｜　言ひやる。（伊勢物語・一一六段）
・さいつ頃、京より｜　大輔がもとより｜　申したりしは、（源氏物語・宿木）
・此の負はるる男、負ふ男を｜　肩を｜　ひしと食ひたりければ、（今昔物語集・二七・四四）

など、いくらでも拾うことができる。古典の言葉の中にこういう構文が頻出することは、斯界では周知のことで、時枝も、次のように、「…に、…に」を取り上げている。(5)

・下屋に、湯に下りて、ただ今参らむと侍る（源氏・ははきぎ）

「下屋」及び「湯」は、ともに場所を表わす格助詞「に」を伴って、「下り」の連用修飾語になっているが、前者の方は、大きな場所を表わし、後者は、限定された場所を表わし、現代語ならば、「下屋の湯に下りて」というべきである。

時枝のこの解釈は誤っているかもしれない。「湯」は場所を表すのではなく、入浴することを表し、「湯に下りて」は入浴のために下りて、と解すべきかもしれない。時枝は、ほかにも「…に、…に」をはじめ格の成分が並列する例を多数あげているから、この例が適例でなくともさしたる支障にはならないが、それよりも残念なことは、時枝がこの構文について文法的なことを何も述べていないことである。

山田は、次のように述べている。(6)

かゝる現象は上の如く、主格にも、補格にもあらはるゝ現象なるに、従来たゞこれを主格に認めその全体を示すものを総主などいへり。然れども、これは主格のみに存するものにあらぬことは上の例にても見らるべく、総主などいはゞ、総補、総客などいふ名目をも立つべき筈なり。然れどもこの総主といふ名目は、その部分を示す方の主格を本来の主格と立てたるものにして、事実の上より見て顚倒せる論なり。これらの真の主格はなほその全体を示すものに存することこれらの文例をよく味はゞ明かなることなれば、若し、名を加へて区別せむとならば、その全体をあらはすものを本来の主格又は本来の補格と認め、部分を示す方のをば副主格、副補格といひ、総称して副格といふを穏かなりとす。

そして、その後には、[7] 全体を表す方を、本主格、本補格と呼ぶとも述べている。まことに当を得た命名ではあるが、本、副と呼ぶよりも、全体、部分と呼んだ方が、意味上の関係をより的確に表すし、主格も含めて格の成分は述語の不完全な意味を補充するものであるから（そういうことで、主格も含めて格の成分を補充成分と呼ぶが）、全体補充、部分補充という呼称を採用したい。

さて、現代語の場合には、主格の場合を除いて、全体補充と部分補充を有する文があまり認められないことは前にも述べたが、これが主題化すると別である。

・アメリカは《ヘ(ニ)》　ワシントンは《ヘ(ニ)》　行ったことがある。
・飲み物は《ヲ》　ジュースは《ヲ》　飲んだ。
・江戸は《ニ》　神田に　生まれ、神田で　育った。

ただ、これらは、いずれも「アメリカデは」「飲み物（ノ中）デは」「江戸デは」などの意にも解されるから、必ずしも二重の補充と見なければならないというものでもない。

・三日前　三時に　持ってきた。
・三日　午後　掲示します。

なども、意味上は「三日前の三時」「三日の午後」という全体と部分の関係だが、一方あるいは両方に格助詞を必要としないことからも言えるように、補充成分と断じ切れないところがある。

格の成分は述語の不完全な意味を補充するものであるが、述語の意味を修飾限定するものを連用修飾成分と呼ぶ。この修飾成分も、いくつも並列することができる。たとえば、

・花が　ゆっくりと　大きく　まるく　白く　咲く。

咲き方にはいろいろな面がある。「ゆっくりと」は「咲く」という動作の速さについてのものであり、「大きく」は大きさについてのもの、「まるく」は形状についてのもの、「白く」は色につい

てのものである。動作のいろいろな部面についての修飾である。修飾成分で重なることができないのは、同一の部面におけるものである。たとえば、「まるく四角に咲く」というわけにはいかない。形状の部面においては、まるければ四角でないし、四角であればまるくないからである。しかし、「まるくて白い」「まるくて大きい」ということには何の問題もない。

修飾成分のうち、体言を修飾限定するものを連体修飾成分と言うが、この連体修飾成分も複数が並列することができる。

・会社の　総務部の　人事課の　課長

などは、「会社の」が「総務部」を修飾し、「会社の総務部の」が「人事課」を修飾し、「会社の総務部の人事課の」が「課長」を修飾しているものであって、まさに全体と部分の関係が入れ子型構造をなすものであり、ここで話題としている同一成分の並列ではない。しかし、たとえば、

・大きい　まるい　白い　花。

などは、連用修飾成分の場合同様、「花」に対していろいろな部面からの修飾がなされているもの

であり、複数の連体修飾成分が併存しても一向に問題はないのである。

(3)二重主格はどうして可能か

それでは、全体補充と部分補充による複数の補充はどうして可能なのであろうか。前述のように、一つの述語に対して同じ格の補充成分が二つ以上存在するのは、論理的に考えて許されないはずである。山田は、前述のように、主格の場合もそのほかの補充成分（山田の補格）の場合も変わらないとしているが、主格の場合は現代語でもよく用いられるのに対して、そのほかの格の場合は現在ではほとんど用いられない。どうしてそういう相違が生じたのか。その点について明らかにするためにも、両者は区別して考察するのがいい。

そこでまず二重主格の場合であるが、形容詞文における部分主格というのは、すでに述べたように、述語の表す性質や状態の成り立つ部分や部面を主格で言い添えるものである。

・象が　鼻が　長い。

の「鼻が」は、「鼻」という部分において、という意味である。それを「鼻が」と主格で表しているものである。「象」が長いのではない。象が、「鼻」の部分において「長い」のである。象が、いわば「長鼻だ」というのである。「長鼻だ」という言葉はない。そういう言い方がないからこそ、「象が長鼻だ」とは言わないで、「象が鼻が長い」という言い方をするのだが、「太郎が足が短い」は「太郎が短足だ」と言うのと同じであるし、「花子が色が白い」は「花子が色白だ」とまったく変わらない表現である。

部分主格は、それが自明であり、あえて明示しなくてもいい場合には、省略されることがある。つまり、全体主格と述語とによって、その部分主格が分明であるような場合には、省略されることがある。

・この本が　高い。

・この料理が　辛い。

などの表現では、それぞれ、部分主格「値段が」「味が」などが省略されているのである。前掲の「花が ゆっくりと 大きく まるく 白く 咲く」も、実は、

・花が　（速さが）ゆっくりと　（大きさが）大きく　（形が）まるく　（色が）白く　咲く。

のように、（　）の中の部分主格が省略されているものである。

右の例で明らかなように、部分主格は連用修飾成分（の中の情態修飾成分）の主格に立つことができる。それに対して、全体主格は、決して連用修飾成分の主格になることができない。次の二つの文を比較してみる。

・花が　色が　白く　咲く。
・花が　色が　白い。

前者の文構造は、

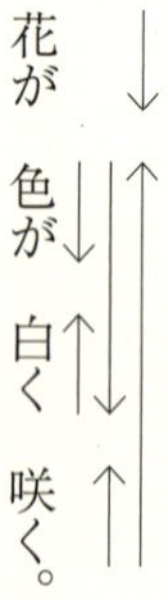

のように図示される。「色が」が「白く」とまず最初に関係して結合し、その「色が白く」の全体

が「咲く」と関係している。そこが重要である。「色白《いろじろ》く」とでも言いたいところである。このようにまず最初に関係し結合する「色が」と「白く」であるから、後者の文においても、

花が　色が　白い

のように図示される文構造であると理解される。部分主格は全体主格よりも先に述語と関係し、そうして構成された全体が、全体主格と関係する。部分主格が二つ以上ある場合も、同様に、

スポーツ選手が　顔が　色が　黒い

のように、順次大きな主格と関係を構成していく構造である。

(4)二重補充の文の構造

それでは、主格以外の格の場合の二重補充は、どのように説明されるのであろうか。形容詞文に

おける補充成分（＝格の成分）はもっぱら主格の成分であり、以上で形容詞文についての検討は終了している。したがって、そのほかの補充成分についてまで考察を進めるのは、本書の範囲を越えることになる。しかし、主格の二重補充（＝二重主格）も二重補充全体の中の一つであり、ほかの格の二重補充について考察することは二重主格についての理解をより深めるのに役立つであろう。

「…を、…を」のいわば二重目的格、あるいは「…に、…に」のいわば二重場所格などは、二重主格といろいろな点で異なる。まず、述語の表す意味が異なる。二重主格の場合は、形容詞文（それも客観的表現の形容詞の文）のことであるから当然のことであるが、性質や状態を表すものであった。それに対して、二重目的格、二重場所格の文の述語は、動作・作用や存在を表すものが中心である。(2)にあげた、

・京《みやこ》に　思ふ人に　言ひやる。（伊勢物語・一一六段）

・さいつ頃、京より　大輔がもとより　申したりしは、（源氏物語・宿木）

・此の負はるる男、負ふ男を　肩を　ひしと食ひたりければ、（今昔物語集・二七・四四）

などの述語「言ひやる」「申す」「食ふ」は、いずれも動作を表すものである。動詞だから当然である。

そして、部分主格が性質や状態の成り立つ部分や部面を表すものであったのに対して、そのほかの格の部分補充は、動作や作用の成り立つ部分や部面を表すものではない。たとえば、「象が鼻が長い」は、象が鼻の部分において長いことを表している。象が長いと言うのではない。それに対して、たとえば、「此の負はるる男、負ふ男を肩を食ふ」は、「此の負はるる男」が「負ふ男」を食っているのである。「肩を」があるからその部分に限定されることになるが、男を食っているのである。

文の構造の上から言うと、二重主格の場合は、「長い」が主格の関係で「鼻が」と関係するが（+ガと−ガの関係）、そうして構成された「鼻が長い」には、さらに全体主格「象が」と関係しようとする職能（−ガの職能）が認められる。

それに対して、二重目的格の場合は、「食ふ」が「肩を」と目的格の関係（+ヲと−ヲの関係）で関係をして構成された「肩を食ふ」には、もはやもう一度目的格の関係をする職能（−ヲの職能）は認められない。「肩を食ふ」に認められるのは、たとえば、「此の負はるる男（ガ）」と主格の関係をするような職能（−ガの職能）である。

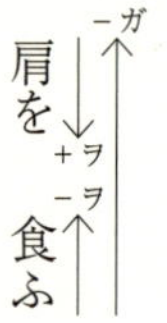

このように見てくると、主格以外の二重補充は、主格の二重補充（＝二重主格）とは同列に考えられないものであるということになる。二重目的格の「負ふ男を 肩を 食ふ」は、一度「負ふ男を」と表現してから、さらに部分にしぼって「肩を」と表現しなおしたという構造である。二重場所格の「京に 思ふ人に 言ひやる」も同様に、一度「京に」と表現してから、さらに場所を狭くしぼって「思ふ人に」と表現したという構造である。いずれの二重補充も、同じ格の補充成分を繰り返したもので、

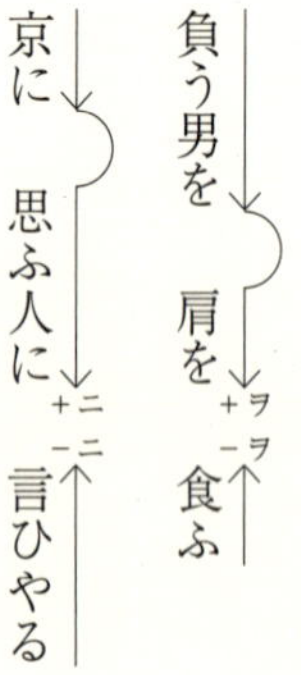

のように図示される構造である。

主格以外の二重補充は、論理的には許されないものである。初めに大きく述べ、次に部分にしぼ

って述べるという慣用的な表現として存在したものであろう。しかし、所詮は構文上に無理があり、不自然な構造の表現であることから、徐々に用いられなくなり、今日に至っているのだと考えられる。

四、主観的表現の形容詞が作る構文

客観的表現の形容詞が作る文の構造についての考察が長くなったが、次は主観的表現の形容詞が作る文についての考察である。

・私が　水が　欲しい。
・私が　仕事が　つらい。
・私が　故郷が　懐かしい。
・私が　亡き母が　恋しい。

などがその例だが、たとえば最初の例「私が水が欲しい」の「水が」は「欲しい」とどういう論理関係にあるのだろうか。時枝誠記は、この「水」などは、述語の概念に対して、その対象になる事柄の表現であるとして、対象語と名づけ、対象語格という格を設定している。(8) また、久野暲は、もっと徹底させて、目的格を表す「が」というとらえ方をしている。(9)

確かに、表現されている内容から見れば、要するに、「水」は「欲しい」という情意の対象であり、目的である。「水を欲しい」という言い方も古くから存在する。しかし、文法は、あくまでも表現そのものに即して考えられなければならない。「水が欲しい」も「水を欲する」も、要するに、水を必要としているということではある。しかし、「が」と「を」は明らかに異なる格助詞である。主観的表現の形容詞が述語になるときだけ、「が」は目的格になるというような解釈は許されない。文法を考える場合に、「要するに」などといって、表現の形から離れてしまってはならない。「水が欲しい」と「水を欲する」とは格の関係が異なるのであり、「水が」と「水を」とは峻別されなければならない。

「私が水が欲しい」というのは、誰が欲しいかというと「私が」であり、何が欲しいかというと「水が」であるということである。「私が」は「欲しい」の主格である。私がどう思っているかというと、「欲しい」と思っているというのである。「欲しい」という情意の主体が「私」である。ここまでは問題がない。時枝も、「私は仕事がつらい」の「私」について、「当然主語と考へられるので」と述べている。(10) 問題は、「水が」をどういう格の成分と考えるかである。「…が」の形を対象語格や目的格とすることはできない。「…が」の形である以上、主格であると考えるほかない。しかし、これは、客観的表現の形容詞が作る文における部分主格ではない。「私」と「水」は全体と部分の関係ではない。それではどんな主格であるか。第二章の第四節（四四ページ）に、次のような考え方を提示した。

・私は水が欲しい。
・水の欲しい人。

などの「欲しい」は、「私」「人」の主観を表しているものではあるが、「水」の方も欲しいと感じられる属性をもつと考えていいのではないか。水そのものに誰もが欲しいと感じるという客観的な属性があるというのは無理であるが、欲しいと感じている「私」なり「人」なりにとって（限って）欲しいと感じられる属性をもつと見ることはできないだろうか。

これは、主観的表現の形容詞と両面的表現の形容詞の連続性を考えたものであるが、このような考え方の上に立てば、「水が」も「欲しい」の主格であると言えることになる。「欲しい」には、主観的な側面と客観的な側面がある。「私が」というのは、情意すなわち主観的な側面の主格であった。それに対して、「欲しい」には欲しいと感じられる対象の属性を表現する側面もある。「欲しい」と思う「私」なり「人」なりにとってだけ（限って）の属性であるが、「水」には欲しがられるという属性が存在する。このように考えて、この属性を表現する側面を、客観的な側面と言うのである。

時枝は、「欲しい」や「つらい」のような主観的表現の形容詞には客観的な側面をまったく認めない。しかし、「水が欲しい」というのは、「水が欲しいと思う」という意味であり、思うという情意の内容が、「水が（＝主格）—欲しい」だということである。つまり、「欲しい」には、

（水が）欲しがられる属性を持つ
（私が）欲しく思う

という二つの側面があるということである。

「私が仕事がつらい」についても同様である。「つらい」にも主観的な側面だけでなく、制限的ではあるが客観的な側面も認められる。私がつらく思うというのは主観的な側面である。仕事をつらいと思わない人もいる。したがって、「私がつらい」というときの「つらい」は、つらいと思う私の情意を表しているもので主観的な表現である。それに対して、「仕事がつらい」というときの「つらい」は、仕事がどういう性質のものであるかというと、つらいものであるということで、仕事についての客観的な表現になっている。「つらい」は確かに主観的な表現であるが、仕事がつら

いものである場合でなかったら、あるいは、仕事につらいと感じられる属性がなかったら、「仕事がつらい」とは言えない。つらいと思う人にとってだけの属性であるが、仕事はつらいという属性を持つ存在なのである。「仕事がつらい」は「仕事が（＝主格）―つらい」という関係であり、「つらい」は仕事の属性を表現していると考えられる。

仕事が　つらく　思われる。
時の経過が　早く　感じられる。

の二つを比べてみると、「つらく」は、「時の経過が」と「早く」の関係と同様に、「仕事が」と「客観的主格―述語」の関係になっており、「仕事」が「つらい」ものであること、つまり、（そう思う人にとってではあるが）仕事についての客観的な表現になっていると言えるだろう。さらに、「つらい仕事」という連体修飾用法の場合には、誰かにとってつらいというよりも、仕事そのものがつらいという（属性の）意味合いが強くなって、「つらい」に客観的表現の側面があることが理解できる。

　時枝のいう対象語は、この客観的な側面の主格であったのである。そういうことで、主観的表現の形容詞が作る構文における、たとえば、「私が」を主観的主格、「水が」「仕事が」などを客観的主格と呼ぶことができる。そして、主観的表現の形容詞が作る構文は、次のようなものであるということになる。

・私が（＝主観的主格）　水が（＝客観的主格）　欲しい（＝情意〔属性〕）。
・私が（＝主観的主格）　仕事が（＝客観的主格）　つらい（＝情意〔属性〕）。
・私が（＝主観的主格）　故郷が（＝客観的主格）　懐かしい（＝情意〔属性〕）。
・私が（＝主観的主格）　亡き母が（＝客観的主格）　恋しい（＝情意〔属性〕）。

五、両面的表現の形容詞が作る構文

両面的表現の形容詞とは、「こわい」「おもしろい」「さびしい」などのことであった。「こわい」に例をとると、すぐに噛みつくような犬がいて、

・この犬が　こわい。

と言った場合には、「こわい」はこの犬の属性を表す客観的な表現であり、「この犬が」は客観的主格になる。この犬はこわい犬なのである。ここでは情意を表す主観的な側面は背景に後退している。そして、

・この犬が（＝客観的主格）　大きい（＝属性）。

と同じ構造の表現になっている。さらに、両面的表現の形容詞は、

・この犬が　顔つき（気性）が　こわい。

のような「…が、…が」構文の文を作ることができるが、この構文では、「この犬が」は全体主格になり、「顔つき（気性）が」は部分主格ということになり、

・この犬が（＝全体主格）　耳が（＝部分主格）　大きい（＝属性）。

などと同じ構造の表現になる。

・この小説が　初めの部分が　おもしろい。
・あの街が　夜九時以降が　さびしい。

なども、「全体主格―部分主格―述語（＝属性）」という構造である。これは当然のことで、この場合の「おもしろい」「さびしい」などは、両面的表現のうちの、客観的表現になっているのである。

一方、両面的表現の形容詞は、

・私が　その犬が　こわい。
・私が　この小説が　おもしろい。
・私が　夜が　さびしい。

のような「…が、…が」構文を作ることもできる。そして、これらの文は、

・私が（＝主観的主格）　その犬が（＝客観的主格）　こわい（＝情意・属性）。

・私が（＝主観的主格）この小説が（＝客観的主格）おもしろい（＝情意・属性）。
・私が（＝主観的主格）夜が（＝客観的主格）さびしい（＝情意・属性）。

のような構造である。この場合の「こわい」「おもしろい」「さびしい」などは、両面的表現のうちの、主観的表現になっているのである。主観的表現の形容詞の作る「…が、…が」構文については、第四節に詳しく説明した。そこでの説明では、たとえば、「私が水が欲しい」について、

「欲しい」と思う「私」なり「人」なりにとってだけ（限って）の属性であるが、「水」には欲しがられるという属性が存在する。

というような苦しい説明をした。これも実は、この両面的表現の形容詞が存在することを後ろ盾にしての説明だったのである。主観的表現の形容詞には、客観的表現の側面が希薄で認めがたかった（だからこそ、主観的表現なのだが）。しかし、両面的表現の形容詞には、客観的表現の側面も明確に認められる。だからこそ、主観・客観の両面的表現なのであるが、客観的主格の存在についての詳しい説明はすでに不要であろう。

「私がその犬がこわい」の「私が」はこわいと思う情意の側面の主格、つまり、主観的主格であ

り、「犬が」はこわいという犬の有する属性の側面の主格、つまり、客観的主格である。「こわい」は、「こわい」と思う「私」の情意だけでなく、誰にとってもこわいという「犬」の性質を表すことができる。つまり、「私は犬がこわい」は、

私が（＝主観的主格）　こわい（＝情意）。
犬が（＝客観的主格）　こわい（＝属性）。

という構造なのである。

六、感覚的表現の形容詞が作る構文

感覚的表現の形容詞、つまり、感覚形容詞の作る「…が、…が」の構文は、三つのグループに分けることができる。

まず第一のグループは、たとえば、

・夏の沖縄が　太陽が　まぶしい。

・あの店が　音楽が　うるさい。
・彼が　口が　臭い。
・バラが　とげが　痛い。
・山芋が　むいたのが　かゆい。

などである。これらは、客観的表現の形容詞が作る構文と同様に、

全体主格―部分主格―述語（属性）

という構造の文である。「彼」と「口」、「バラ」と「とげ」、「山芋」と「むいたの」がそれぞれ全体と部分の関係であることは問題ない。しかし、「夏の沖縄」や「あの店」などは、全体ではなく、場所を表すと解釈することもできそうである。

・夏の沖縄で、太陽が　まぶしい。
・あの店で、音楽が　うるさい。

という格の関係も、「夏の沖縄が…」「あの店が…」と同じ程度に自然である。しかし、「…が」は、あくまでも主格である。「…が」である以上、主格と解釈しなければならない。

感覚形容詞は、主観・客観の両面的表現の形容詞であり、このグループは、そのうちの客観的な側面を表している場合だったのである。

第二のグループは、たとえば、

・私が　太陽が　まぶしい。
・私が　あの音が　うるさい。
・私が　この料理が　おいしい。

などである。これらは、主観的表現の形容詞が作る構文と同様に、

主観的主格―客観的主格―述語（感覚・属性）

という構造の文である。

「私が太陽がまぶしい」の「私が」はまぶしいと感じる感覚の側面の主格、つまり、主観的主格であり、「太陽が」は太陽の有するまぶしいという属性の側面の主格、つまり、客観的主格である。「まぶしい」は、「まぶしい」と感じる「私」の感覚と、「まぶしい」という「太陽」の性質、属性を表している。つまり、「私が太陽がまぶしい」は、

私が（＝主観的主格）　まぶしい（＝感覚）。

太陽が（＝客観的主格）　まぶしい（＝属性）。


という構造である。

第一のグループの「…が、…が」構文は、感覚形容詞が客観的な側面を表す場合だったが、このグループの「…が、…が」構文は、感覚形容詞が主観的な側面を表す場合だったのである。

第三のグループは、たとえば、

・私が　腰が　痛い。
・私が　背中が　かゆい。

・私が　足の裏が　くすぐったい。

などの「…が、…が」構文の場合である。これらは、

全体主格—部分主格—述語（属性）

でもあり、また、

主観的主格—客観的主格—述語（感覚・属性）

でもある。「腰」「背中」「足の裏」は「私」の部分である。したがって、「私が」が全体主格であり、「腰が」「背中が」「足の裏が」などが部分主格である、という構造になる。これは述語の感覚形容詞が客観的表現になっている場合である。

一方、「私が」は「痛い」「かゆい」「くすぐったい」などと感じる感覚の側面の主格、つまり、主観的主格であり、「腰が」「背中が」「足の裏が」などは、それぞれ「痛い」「かゆい」「くすぐったい」などという属性の側面の主格、つまり、客観的主格である。これはつまり、述語の感覚形容

詞が主観的表現になっている場合である。

どうして、この第三のグループでは二つの構造が併存するのか。このグループの特徴は、客観的主格が主観的主格の部分になっているということである。客観的主格の「腰」「背中」「足の裏」などは、すべて主観的主格「私」の部分である。つまり、客観的主格がそのまま部分主格にもなっているという構造である。この客観的主格＝部分主格から主観的主格＝全体主格ということにもなり、二つの構造が併存するのである。この関係は第一のグループにも第二のグループにも認められない、第三のグループだけに認められる特徴である。

七、能動主格と所動主格──所動詞の作る構文──

以上で、形容詞文の、特に「…が、…が」構文についての検討はほぼ終了した。しかし、主観的主格と客観的主格、全体主格と部分主格についての理解をより深めるために、形容詞についての考察からは外れるが、所動詞が作る構文における能動主格と所動主格について触れておきたい。

時枝誠記は、形容詞の場合だけでなく、

・算術が　できる。

・山が　見える。
・汽笛が　聞こえる。

などの「が」に上接する語をも対象語としている。これらの文の述語に共通しているのは、「れる」「られる」が下接できない動詞であるということである。それはむしろ当然のことで、「できる」はまさに可能の意味を表すものであるし、「見える」も「聞こえる」も、「見ゆ」「聞こゆ」が一段活用化したもので、その「ゆ」は「れる」「られる」に通じる古代の可能の助動詞である。つまり、これらの動詞は、それ自体の中に「れる」「られる」の意味を含んでいるのである。三上章は、これらの動詞を、受身にならない動詞という意味で、所動詞と呼んだが[11]、受身になれる動詞でも、「れる」「られる」を下接させれば、所動詞相当になるし、五段動詞を下一段化して可能動詞にすれば、やはり所動詞になり、「…が」をとることができる。

・リンゴが　食べられる。（「食べる」＋可能の「られる」）
・漢字が　読まれる。（「読む」＋可能の「れる」）
・新聞が　読める。（「読む」の下一段化→可能動詞）
・外国語が　話せる。（「話す」の下一段化→可能動詞）

それだけでなく、これらの所動詞（あるいは所動詞相当）は、形容詞と同様に、「…が、…が」の構文を作ることができる。

・私／彼が　算術が　できる。
・私／彼が　山が　見える。
・私／彼が　汽笛が　聞こえる。
・私／彼が　リンゴが　食べられる。
・私／彼が　外国語が　話せる。

時枝は、これらの「算術」や「山」「汽笛」「リンゴ」「外国語」などを対象語と呼んだ⑫。しかし、これは、「私が水が欲しい」の「水」や「私が仕事がつらい」の「仕事」を対象語と呼ぶこと以上におかしい。「山が見える」や「汽笛が聞こえる」の「山」や「汽笛」は、決して「見える」や「聞こえる」の対象（目的語）になってはいない。「山を見る」の「見る」や、「汽笛を聞く」の「聞く」は他動詞であり、目的語をとるが、「見える」や「聞こえる」は自動詞である。「山を見る」「汽笛を聞く」と「山が見える」「汽笛が聞こえる」とは峻別されなければならない。

「山が見える」の「山が」は「見える」という所動詞の主格である。所動詞の述語は、その主格の属性を表す。ただし、それは、主観的表現の形容詞の述語の場合と同様に、制限つきの属性である。山が「見える」というのは、見える人（私）にとってという制限つきの属性である。誰にでも見えるわけではない。しかし、私にとっては見えるという属性である。

「私がこのリンゴが食べられる」の「食べられる」も、私にとってという制限つきの属性を表している。「私が食べられる」の「食べられる」は私が食べることができるという可能の意味を表す。それに対して、「このリンゴが食べられる」の「食べられる」は私にとってこのリンゴが食べることができるという属性をもつことを表す。たとえば、私は歯が悪くて硬いリンゴは食べられないとする。あるいは、私は酸味の強い果物は食べられないとする。しかし、軟らかい（あるいは酸味が弱くて甘い）「このリンゴ」なら食べられる。そういう論理で、「このリンゴ」は私にとっては「食べられる（可能）」という属性を有する、「食べられるリンゴ」ということになる。

「私が山が見える」や「私がこのリンゴが食べられる」の「私が」は「私に」に言い換えることができるが、この場合には、「見える」や「食べられる」が、「私に」おいての「山」や「リンゴ」の属性表現になっていることが、より分明である。

所動詞だけがとる「…が」を所動主格と呼び、能動詞のとる「…が」を能動主格と呼んで、二つを区別する。そうすると、所動詞の述語の場合は、所動主格と能動主格の二つをとるということになる。

私が（＝能動主格）　山が（＝所動主格）　見える（＝所動詞）。
私が（＝能動主格）　このリンゴが（＝所動主格）　食べられる（＝所動詞）。

この「…が、…が」構文は、主観的表現の形容詞の作る構文と共通するところがあり、感覚形容詞の作る構文にも通じるところがある。したがって、形容詞文の作る構文と並べて考察をする意義が存するのであり、形容詞文の主格を考察する際には外して通ることができないものである。

【注】

（1）黒田成幸　一九六四　Generative Grammatical Studies in the Japanese Language.
（2）三上章　一九五三『現代語法序説』「第二章 主格、主題、主語」「八 部分主格」刀江書院（一九七二 くろしお出版復刊）一三九ページ
（3）三上章　一九七〇『文法小論集』「8 二重主格」くろしお出版 一二九ページ
（4）山田孝雄　一九三六『日本文法学概論』「第四十八章 句の複雑なる構成」宝文館出版 一〇一一ページ
（5）時枝誠記　一九五九『古典解釈のための日本文法 増訂版』「単元一七 文の構造（二）修飾語を並列させる場合」一〇〇ページ 至文堂

(6) 注(4)文献 一〇一二ページ
(7) 山田孝雄 一九五〇『日本文法学要論』角川書店
(8) 時枝誠記 一九五〇『日本文法 口語篇』「第三章 文論」「六 文の成分と格」「ホ 対象語格」岩波書店 二七六ページ以下
(9) 久野暲 一九七三『日本文法研究』「第4章 目的格を表す『ガ』」大修館書店 四八ページ
(10) 注(8)文献 二七七ページ
(11) 注(2)文献「第二章 主格、主題、主語」「四 動詞の受身」一〇四ページ
(12) 注(8)文献 二七七ページ

【付記】

本章は、『日本語文法の焦点』(教育出版 一九八四)の「主語をめぐる問題」「全体補充と部分補充」「総記と中立叙述――主格助詞『が』の二つの用法」などによった。

第五章　形容詞の語音構造

一、はじめに

いくつかの音節が結合して単語を構成する場合には、いろいろの法則ないしは傾向が認められる。たとえば、①和語の語頭にはラ行音や濁音は原則として位置しないとか、②促音や撥音は語頭に位置しない、③促音はまた語末に位置することも稀で、特殊な場合に限られる、④現代語ではハ行音が語中語尾に位置することは稀である、などは有名であるが、これらの法則ないし傾向が、形の上から日本語を日本語らしくするのにあずかっている。日本語の音節構造は比較的単純なものであるから、たとえば英語における子音結合（consonant cluster）などのようなことは問題とはならないけれども、音節結合の上から、いかにも日本語らしい単語とそうでない単語とがあるのは事実であり、日本語においては、音節構造というよりは語音構造の方が問題とされる。つまり、日本語においては、どのような音節がどのような順序で結合して単語を構成するかという点にいろいろの法則や傾向が認められる。

ところで、右に例挙したような音節結合上の法則ないし傾向は、日本語の全般にわたって認められるものである。それに対して、日本語を品詞別に見た場合、そこに品詞固有の音節結合の法則ないし傾向のようなものは認められないのであろうか。動詞の終止形の語末音節は、古代語のいわゆる存在詞を除いてすべてウ列音であり、形容詞の終止形の語末音節は、すべてイ列音（というよりも古代語ではシ、現代語ではイ）である。言うまでもなく、形容詞の連用形の語末音節はウ列音（クまたはウ）であり、動詞には連用形がイ列音のものも多いから、動詞の語末音節はウ列音であり、形容詞のそれはイ列音であるなどということにはならないが、動詞の終止形の末尾音節はウ列音であり、形容詞の終止形のそれはイ列音である。このように、活用形をも考慮の範囲に入れた場合、動詞と形容詞とは、その語末音節が明らかに異なるのであり、このような語音構造の相違が、一方を動詞らしく、他方を形容詞らしく感じさせている。本章では、そういう方向からの試みとして、形容詞の語音構造についてのいくつかの傾向を指摘し、その意味するところについて考えてみたい。

二、ク活用形容詞の語幹末音節にはイ列音は立たなかったということ

現代語の形容詞の中には、「大きい」「いい」など、いわばク活用の系譜に属する形容詞で、その語幹末音節——活用語尾「い」の直前の音節——がイ列音のものが、少数ながら存在する。形容詞におけるク活用・シク活用の別は、古代語について立てられるものであって、現代語についてはその必要はないのであるが、「大きい」「いい」などは、もし古代語にその祖形を求めるとすれば、

「大きし」「いし」などとなって、ク活用形容詞ということになるはずのものである。ところが、この「大きし」や「いし」は、古い時期の資料にはその用例がなかなか見出しえない。

理論的には、形容詞「ちひさし」と対をなす語は形容詞「おほきし」だということになるが、実際には、「おほきし」あるいは「おおきい」の例は、時代を下らないとなかなか見出せない。詳しくはまだ調査しきれていないけれども、「おおきい」が認められるのは室町時代末期以降のことのようである。それまでは、形容動詞「おほきなり」が用いられていたのである。

一体に形容詞と形容動詞とは意味・職能ともにほぼ全同の品詞であって、両者が異なるのはその形態においてだけであるといっていい。そういう関係にある形容動詞「おほきなり」が「おほきし」という形容詞の欠落を補っている。語幹末音節がイ列音のキである形容詞「おほきし」は存在することができないので、語幹「おほき」は語尾「なり」をとって形容動詞となったのである。(1)

「いい」は古代語の「よし」に連なるものであるが、この「いい」が認められるのも江戸時代、しかもその後期江戸語においてであるらしい。つまり、前期上方語資料には「よい」とそれにまじって「ええ」が認められるが、「いい」はまだ認められないという。「いい」は後期江戸語において上方語「ええ」の転訛した形として成立し、江戸語の地位が向上するとともに主流の座を占めるようになったものであるといわれる。(2) しかも、『日本国語大辞典』第二版「いい」の項の語誌に、同義の「よい」は終止形と連体形に限って文語的なニュアンスを持つ。それ以外の活用形「よく」「よかった」「よければ」などの形は「いい」にはないが、方言としては「いく」「いかった」などの形も見られる。

とあるように活用形に制限があり、現代語においても「よい」に完全にとって代わったとは到底言えない状況にある。

色名を表す名詞に「しろ（白）」「あか（赤）」「あお（青）」「くろ（黒）」〃「あい（藍）」「みどり（緑）」「き（黄）」「むらさき（紫）」「くれない（紅）」などがある。そして、〃印より上の四語には「しろい」「あかい」「あおい」「くろい」というように、それぞれに対応する形容詞が存在する。それに対して、「あい」以下の五語にはそれぞれに対応する形容詞が存在しない。それぞれに個別の事情もあるだろうが、しかし、同じ色名に関する語彙の中で、これだけ明確に、語末音節がイ列音以外の場合にはその形容詞形があり、語末音節がイ列音の場合にはその形容詞形がないという相違の存することは、十分に重視されてよい。

「しろ」以下の四語には、それぞれに対応する形容詞形が古代から存在した。それに対して、「あい」（古代語では「あゐ」）以下の五語は古代から存在しながら、それぞれに対応する形容詞形をもたなかったのである。色に関するような状態的客観的表現の形容詞は、もしそれが存在するとすれば、ク活用形容詞であることが予想される。そして事実、「しろし」「あかし」「あをし」「くろし」などはいずれもク活用形容詞である。したがって、「あゐ」以下の名詞も形容詞化するとすれば、ク活用形容詞となるはずであった。しかし、「あゐ」以下の諸語は、「なり」を伴って形容動詞化するものはあっても、決して形容詞化はしなかった。ここにも、やはり、イ列音はク活用形容詞の語幹末音節には立てないという法則が力強く働いていたことを認めないわけにはいかない。

もっとも最近では、黄色になるの意で、「きくなる」という人がいる。『日本国語大辞典』第二版の「黄い」の項には「終止形と連体形しか用いられない」として、

黄い紙、立番の巡査、さういふものは到る処で見られた（田山花袋『東京の三十年』）

蜜を吸ひに時をり舞ひ込む黄いのや白いのや蝶々が（嘉村礒多『秋立つまで』）

の二例をあげている。しかし、この「きい」に「きく」を加えるにしても、「きかった」「きければ」などの形はなく、やはり、まだ万人の認める形容詞と言うには程遠いものだと言わなければならない。

十三、四世紀のころから、「ひきし」というク活用形容詞が出現し、これが後に現代語の「ひくい」に転ずるのであるが、この「ひきし」は実はそれ以前には「ひきなり」という形容動詞の形を

とっていたものであった。(3)それはちょうど、「大きい」が、その形の許されない時代に「大きなり」の形をとっていたことに共通する。

ただ、十三、四世紀以前においても、「ひきなり」の用法は狭く、低いの意には「(背丈ガ)みじかし」「(位ガ)あさし」「(声ガ)ほそし」など、他の形容詞が用いられていたのであるが、それはともかく、十三、四世紀のころまでは、形容動詞「ひきなり」が用いられ、形容詞「ひきし」は用いられなかったのである。そして、室町時代末期のころにはすでに現在の「ひくい」の形が現れ、「ひきし」にとって代わろうとしている。つまり、「ひきし」の寿命はきわめて短命であり、ここにも語幹末音節がイ列音であるク活用形容詞が存在しにくかったということが感知されるが、「ひきし」の場合、「大きい」や「いい」と比べて、その成立時期が異常に早いことに注意される。

江戸時代になると、形容動詞「けなり」を活用語尾ごと語幹にして「けなりい」という形容詞が成立する。『虎明本狂言集』に、

・めでたい折柄なれば、いづ方もにぎやかなるがけなりうて、はやしを語らうて(鉢叩き)

・殿達の鞠《まり》を蹴させらるる音を聞けば、一段とけなりいほどに(鞠座頭)

・皆々の鞠の音を聞けば、けなりいほどに(同右)

などのように認められるから、あるいは室町時代末期まで遡《さかのぼ》ることができるとも思われるが、とにかく江戸時代になると、「けなりい」はよく用いられるようになる。また、江戸時代になると、

・みみっちく張りゃれとせなあ坪をふせ（川柳柳多留・五四）

・ばばっちい、ええきたな（浮世風呂・二下）

など「――ちい」という形の形容詞も新しく成立する。(4) したがって、この時期にはク活用形容詞の語幹末音節にはイ列音は立てないという制限はやや緩くなったのであろう。「大きい」や「いい」の成立はそういう背景に支えられて可能となったものと思われる。そうしてさらには「黄い」なども出現するのである。

ところで、「ひきし」の成立時期だけが何故に異常に早いのか、その事情は明らかにしえないが、「ひきし」の場合は、その成立時期が異常に早かったために、言い換えると、ク活用形容詞の語幹末音節にはイ列音は立てないという法則が力をもっていた時期の成立であったが故に、その法則に抵触しないような語音構造の「ひくし」に転じたものであろう。つまり、「ひきし」は「ヒキシ」というような語音構造のク活用形容詞の存在がまだ許されない時期に成立したために、「ひくし」に転じたのであろう。これは、ク活用形容詞「きびし」が同じ室町時代に「きぶし」という語

形で用いられたのと事情をまったく同じくする（ただし、「きぶし」の場合は、シク活用形容詞「きびしい」の方が優勢で、「きぶい」は現在に残らなかった）。

「大きい」や「いい」は、その成立がク活用形容詞の語幹末音節にイ音列が立ってもいい時期になってからであったから、「ひきし」や「きびし」の場合のような変形を強制されずに済んだわけであろうが、このような歴史的事情により、現代語においても、語幹末の音節がシ以外のイ列音（語幹末の音節がシである形容詞は古代語のシク活用形容詞である）である形容詞の数は極端に少ないのである。(5)

三、ク活用形容詞の語幹末音節にはエ列音は立たないということ

たとえば、平安時代の源氏物語などには、「あはつけし」「あまねし」「いぶせし」「うたてし」「うるせし」「さやけし」「しげし」「しづけし」「しふねし」「ところせし」「なめし」「はるけし」など、語幹末音節がエ列音のク活用形容詞が数多く用いられている。木之下正雄『対校源氏物語用語索引』によって用例数を集計してみると次の表のようになる。なお、下欄の一四文献というのは宮島達夫『古典対照語い表』によるもので、万葉集から方丈記徒然草に至る古典一四文献に用いられた例数の合計を参考までに示してみた。

	―・い	―・う	―・き	―・く	―・けれ	―・し	計	一四文献
あはつけし	1	1	14	1	0	1	18	20
あまねし	0	0	4	11	0	0	15	19
いぶせし	0	7	10	17	2	2	28	55
うたてし	0	0	0	1	0	0	1	0
うるせし	0	0	0	1	0	0	1	0
さやけし	0	0	2	1	0	0	3	29
しげし	0	17	26	37	1	3	84	289
しづけし	0	0	1	0	0	0	1	7
しふねし	0	1	9	2	0	0	12	14
ところせし	0	13	43	19	3	5	83	＊100
なめし	0	0	0	1	0	4	5	17
はるけし	0	0	12	2	0	0	14	28
むくつけし	0	6	10	10	2	3	31	39

＊「ところせし」ではなく「せし」の例数である。

例数が極端に少ないものなどは、個別に問題にしなければならない。たとえば、「うたてし」は、

・姫君も初めこそむくつけくうたてくも覚え給ひしか、斯くてもなだらかに、うしろめたき御心はなかりけり、とやうやう目馴れて（常夏、対校巻三・八〇ページ5行目）

とあるものであるが、『源氏物語大成』校異篇によれば、「うたてとも」「うたて」「うたてと」などの本文はあるが、「うたてくも」とする本文は一つもないことになっている（校異篇八三七ページ12行目）。一四文献の欄がゼロになっているのも、『古典対照語い表』が『源氏物語大成』によっているからである。源氏物語のころには副詞「うたて」がよく用いられ、ク活用形容詞「うたてし」の成立はもう少し後になる。しかし、もう少し時代が下って、平安時代後期になれば、「うたてし」の確例はいくつも指摘できる。

「うるせし」もまた問題である。「うるせく」一例というのは、

・宮の御ことのねは、いとうるせくなりにけりな。（若菜下、対校巻四・四七ページ4行目）

という例で、上手だ、巧みだの意とされるものであるが、『源氏物語大成』によれば、青表紙本の中にも「うるさく」とするものが多く、河内本は「うるさく」としている（校異篇一一六二ページ5行目）。上手だ、巧みだという意の「うるさし」は他にも例があり、この方が当時はむしろ一般的であった。しかし、資料の範囲を広げれば、古代語に「うるせし」の存在したことはまず確実である。

「さやけし」「しづけし」なども源氏物語における例数は少ない。一四文献ではかなりの例数を示しているが、「さやけし」二九例のうち二三例が、そして「しづけし」七例のうち六例までが、万葉集中の用例数で、平安時代以降一三文献の用例数はそれぞれ六例と一例でしかない。これら平安時代以降の文献では「さやかなり」「静かなり」などの形容動詞が用いられており、時代による「——けし」型形容詞から「——かなり」型形容動詞への交替の現象は興味深い問題であるが、とにかく、上代そして平安時代にも「——けし」型のク活用形容詞が存在したことには問題がない（表から明らかなように、「はるけし」の例数は比較的多い）。

個々の形容詞についての問題は別として、このように平安時代前後には語幹末音節がエ列音であるク活用形容詞は多数存在した。しかるに現代語においてはどうであるか。現代語には、「あわつけい」「あまねい」以下の形容詞は存在しない。(6) それは何故か。

古代語に存在した形容詞が現代語においては用いられないというようなことはいくらでもある。

たとえば、古代語に存在した「あし」という形容詞は現代語においては用いられない。「あしい」という形容詞は現代語には存在しない。現代語では、代って「わるい」が用いられる。この交替の現象については、次のような解釈がある。[7]

> 劣っている、不恰好だという意味だったワルイが、よくないという意味を兼ねるようになり、さらにそれが、反社会的、不正の意を表わしていたアシを駆逐して、その座に入り込んだ。これは、日本人が、よくないということを、人間の本性が悪であるという問題や、社会の公正に違反する悪という角度から把握するよりも、他人の手前、不体裁だ、かっこよくないという観点から理解する心の動きを強く持つことを示すのではなかろうか。そういう心の動き方が強いから、このような意味の移行が起ったように思われる。

また、シク活用の「あし」が客観的表現であり、かつク活用の「よし」と対をなすものであることに注目し、「あしい」と「わるい」とが競合した際に、客観的表現によりふさわしく、かつ「よし」の活用とも対応するク活用の「わるい」の方が生き残ったのではないかという解釈も可能である。[8]

二つの解釈のいずれが妥当であるのか、あるいはいずれも妥当であるのか、他に別の解釈が考えられるのか、この問題については深く立ち入らない。ただ、前者の解釈においては日本人の心の動きの傾向という点で、また、後者の解釈においては、ク活用形式と客観的表現、そして対になる語の形態的類似性などの点で、一般化へのつながりをもつようにも見えるが、やはり、「あし」が消滅したという問題は個別論にとどまるのであり、一般論を背景としての個別の解釈にすぎない。

それに対して、「あわつけい」以下の形容詞が現代語に存在しないというのは、個別の形容詞の問題にはとどまらない現象である。語幹末音節がエ列音であるク活用形容詞は、現代語においてはまったく存在しないのである。やはり、ク活用形容詞の語幹末音節にはエ列音は立つことができないという語音構造上の法則が支配していると見なければならない。

それでは、どのような理由で、あるいはどのような事情によって、このような法則は成立したのであろうか。語幹末音節がエ列音であるク活用形容詞は何故に消滅したのであろうか。「あはつけし」以下の形容詞の中には、その連用形や連体形が現代語においても用いられるものがあるから(たとえば、「あまねく知れわたる」「あまねき光」など)[9]、まず疑われるのは、音便化、特にイ音便化しなかった、あるいはイ音便化することができなかったために、新しい終止形が成立しえず、結局衰退したのではないかということである。動詞の場合には、

春めきて——→春めいて

招きたり——→招いたりする
嘆きた——→嘆いた

などのように、エ列音の次のキもイ音便化するから、エ列音の次のキがイ音便化しにくいなどということは音韻法則一般の上からは簡単に言えないが、動詞の場合「て」「たり」「た」などが下接しているのと違って、形容詞の場合は、何も下接させていないし（動詞の場合も、「春めい」「招い」などとは言わない）、それより何より、現在のわれわれの言語的直観からすれば、「あわつけい」「あまねい」などはきわめて言いにくい——それが何故言いにくいのか、その理由はわからないが——という点を重視したい。

　しかし、ここにおいて重要なことは、実は、これらの形容詞は一度イ音便化し、現代語の語形をもったという事実があることである。

○あまねい
Amanei. Amaneʃa. Amaneô.　（日葡辞書）
○いぶせい
Ibuxei coto. Yezui coto.　（天草版平家・言葉の和らげ）

Ibuxei. Ibuxeʃa.　（日葡辞書）

いつかに親の敵なればとて、あのいぶせい帯刀を討たんといふは（浄・十六夜物語・三）

これ蘭、内儀の帯が垢付いていぶせい。（浮・世間妾形気・四・二）

○うたてい

vtare ʃaxerareta Miya no govn no fodo ga vtatei.　（天草版平家・二・七）

Vtatei. Vtateʃa. Vtateô.　（日葡辞書）

なんと旦那、うたてい所ぢやござりませぬか。（浄・摂州渡辺橋供養・四）

○さやけい

Sayaqei.　（日葡辞書補遺）

○しげい

宮つかひはしげいもの、明り障子のかげで髪けずりけはひする（田植草子・朝歌三番）

Xiguei. Fitoxiguei tocoro.　（日葡辞書）

昼は人目もしげい。（天理本狂言・石神）

などがその例である。つまり、室町時代から江戸時代にかけて、現代語形で用いられた時期があったらしいということである。

さらに、明治以降においても、

燈は、その焔のまはりに無数の輪をかけながら、執念《しふね》い夜に攻められて、心細い光を放つてゐる。(偸盗)

びっこをひいているのを見ると、仁太はうたてかったのであろう。(二十四の瞳)

など、芥川龍之介や壺井栄の文章に用例を指摘することができるから、意外に新しいところに用例が見出されるかも知れない。ただ、『日葡辞書補遺』の「サヤケイ(Sayaqei)」には「歌語(p.)」という注記があるから、[10]常用の当代語というよりも由緒のある雅語であると見られていたふしがあるし、「いぶせい」が『天草版平家物語』の言葉の和らげに採録されているのは、和らげなければならない語、つまり日常通用の語ではない古い語と見られていたからだと推測される。

しかし、とにかく、これだけの用例が指摘できる以上、一度はイ音便化したと見なければならない。形容詞の連体形にイ音便が生じたころ、語幹末音節がエ列音であるク活用形容詞においても、ほかの語音構造の形容詞の場合と同様、その連体形にイ音便が生じたであろう。しかし、現在のわれわれにとって「あわつけい」「あまねい」などは発音しにくい、それと同じ理由によって、「あはつけし」以下の形容詞の連体形はイ音便化できなくなったのではないか。その時期は、右に掲げたような例があるところからすると、おそらく江戸時代であろう。

　ここに思い合わされるは、サ行四段活用動詞の連用形におけるイ音便化の問題である。つまり、「刺す」「成す」「話す」「離す」「渡す」などの連用形、たとえば「刺し」は一度「刺い」のようにイ音便化しながら、また元の音便化しない形に戻ったのであるが、その時期が「あわつけい」「あまねい」などの消滅した時期とほぼ重なる。しかも、サ行四段動詞の場合にも語幹末音節がエ列音のもの、たとえば「消す」「返す」「減《へ》す」などがイ音便化しにくいという傾向が指摘できるのである(11)。

　何故にそうであるのかという理由は明らかにしえないが、とにかく「あわつけい」「あまねい」などや「刺いて」「話いた」などは、現代のわれわれには発音しにくい語である。そうして、現代のわれわれと同様に感じられるようになった時期――前に江戸時代と推定した――に、これらの音便形は、元の非音便形に戻らなければならなかった。サ行四段動詞のイ音便の場合は、たとえば「刺いて」「話いた」が「刺して」「話した」のように、その非音便形に戻っても、その非音便形で存在することができた。何故ならば、動詞の連用形には音便化しないものも多く、たとえば、サ行変格活用動詞などは一貫して「――し」の形を保っているからである。それに対して、形容詞の場合は、終止連体形がイ音便化して現代語形が成立すると、「――き」という形では――連体形はまだしも終止形は特に――存在しえなくなる。つまり、ここでは、音便形というよりも新しい活用形が――しかも基本形である終止形が――、「――い」という形である。その形が否定されるということは、その語の存在が否定されるということであった。このような事情により、サ行四段動詞は残り、語幹末音節がエ列音である形容詞は消滅したのだと考えられる。

ところで、最近では、「きれくなった」というような言い方をする人がいる。朝日新聞の昭和四七年八月一七日付夕刊には、

水はきれいしすいている琵琶湖

という表現があった。これは「きれいだ」という形容動詞の語幹「きれい」が、それだけで「まあきれい！」などのように言い切りに用いられているうちに、その語幹末音節がイであることから形容詞のように感じられ、形容詞的に活用するようになったもので、「みたいだ」から「みたい」が成立したのと事情を同じくするものであろう。とにかく、「きれい」という、語幹末音節がエ列音の形容詞が成立しかかっているのである。成立しかかっているとは言っても、近い将来にこれがすべての活用形をそろえるかどうかは分からないが、一方では「あわつけい」以下の形容詞が消滅しているのに、「きれい」のような形容詞が新しく成立しようとするのは、「きれい」においては、「きれき」のイ音便化というような問題がかかわらないからであろう。つまり、「あわつけい」などが生き残れなかったのは、それらがイ音便化の条件にかなわなかったからであり、その語音構造が

形容詞として許されなかったからではないのであろう。この時期には、

・総じて最前からすねい事をいうた程に（虎明本狂言・腹不立）

・Sunei. Sunei fito.（日葡辞書補遺）

・いや、油断はなけれども、人々の気違ひとて笑ひ給ふも面伏せく（浄・佐々木大鑑・二）

などのように「すねい」「おもてぶせく」という形容詞も新しく成立している。古代語の形容詞がイ音便化することができないために新しい現代語形に生まれ変わることができなかったのに対して、語幹末音節がエ列音である形容詞が新しく成立することは妨げられなかったのである。(12)

四、院政鎌倉時代ころ以降、「――しし」型の形容詞が認められるということ

院政鎌倉時代ころ以降、「あしし（悪）」「あたらしし（新）」「あやしし（怪）」などシク活用形容詞の終止形にもう一つ「し」の付いた形「――しし」が認められることは、これまでにも多くの人に指摘され、議論されてきた。具体的な例は、後に取りあげる慶野正次《けいのまさじ》や鈴木丹士郎《すずきたんじろう》の論に数多くあげられているから、省略に従うけれども、本節では、この「――しし」という形がどのようにし

て成立したかという問題について考えてみたい。

慶野は、シク活用形容詞の語幹が「――し」であることを重視して、

シク活形容詞終止形の語尾は、語幹の末尾音シと重複してシシとなるため、下接のシが省略され、語幹が終止形の機能を代行するから、シ語尾を持つク活用にくらべ、言いさしの感が深く、言い切りとしての勢力が弱い。それゆえ、その弱さを補うため、平安時代後期以来の語法の乱れに便乗し、文献時代以来定着していた悪し型終止形に反発し、本来あるべき姿の「悪しし」型形容詞が発生したのであろう。しかし、根づよい伝統や慣用には勝てず、大勢は「悪し」型が文献を支配し、「悪しし」型の用例はわずかにすぎない。

と説明している(13)。しかし、シシと重複するから下のシが省略された、しかし言い切りとして勢力が弱いから元のシシに戻った、だが根づよい伝統や慣用によってシシにはなりきれなかったという変化の展開は、日本語史一般のあり方からしていかがなものであろうか。慶野の論が成り立つためには、「――しし」型が「――し」型より以前に存在していたことが論証されなければならない。そうでなければ、「本来あるべき姿の『悪しし』型形容詞」というような記述は、理論のための空論に終わってしまう。それに、勢力が弱くなってしまうから添加しなければならないような重要なシ

が、何故一時代前には省略されなければならなかったのか。同音が重複する場合にその一つが省略されることがあるということは、「――しし」における重要な活用語尾「し」が省略されていい論拠にはならない。「――しし」型形容詞は院政鎌倉時代以降に新しく出現したものであるという事実をまず直視すべきである。

橋本進吉は、

これは、ク活用に類推して出来たものであらうとおもはれる。(14)

と述べているが、成立に関してはこれ以上詳しくは述べていないので、その意とするところは十分に理解できない。

日本古典文学大系の『平家物語』には、

・十二月廿八日の夜なりければ、風ははげしし、ほもとは一つなりけれども、吹きまよふ風に（上・三八二ページ16行目）
・折節、風ははげしし、猛火天にもえあがつて炎は虚空にひまもなし（下・一五四ページ8行目）

・折節、風ははげしし、くろ煙おしかくれば、平氏の軍兵ども余りにあわて騒いで（下・二一一ページ14行目）

のように、「はげしし」が三例認められるが、この第一例に対する補注において、次のように述べられている。(15)

前代の語法ならば「烈し」とあるところ、「し」が一つ余計についている。中世にさかんな代表的な語法の一つとして有名なものである。ところで、この一つよけいな「し」はどうしてついたものか。一般にこの時代には、動詞・形容詞の連体形が終止形の代りにどんどん用いられた時代である。そうすると、こういう場合も、「烈しき」となりそうなものであるが、そうならずにこんな形が出来たのは、ちょっと問題にし得る。これは、形容詞のうちでより多くの語彙を擁するク活用のものと全く同じ活用形式をとろうとする、多数への類推の力の方が強力に働いたものと考えられる。また、この時代の、終止形・連体形統合の動きは、この種の語の上に、完全には働かずに、ただ連体形と終止形との音節の数を等しくしようとする力となって働いた、と考えてもいいかもしれない。

この平家物語の三例はいずれも「風ははげしし」の形であり、終止形というよりも、下に続いていく感じのものであって、近代に至って成立すると言われる並立助詞「し」の付いたものに近い用法のものであるが、(16)ここでは用例についての検討には深く立ち入らないで、補注に述べられているところについて考えてみたい。

「形容詞のうちでより多くの語彙を擁するク活用のものと全く同じ活用形式をとろうとする、多数への類推の力の方が強力に働いたものと考えられる」というのはどういうことであろうか。ク活用はシク活用よりも多くの語彙を擁するのであろうか。その語彙量は異なり語数について言うのであろうか、延べ語数について言うのであろうか。(17)よしク活用の方が多くの語彙を擁しているとして、シク活用はク活用の多数にひかれるほど決定的に少数であったと言うのであろうか。それにしても、「ク活用のものと全く同じ活用形式をとろうとする」力が働くと、どうして「――しし」という形になるのであろうか。その点の説明が不十分である。あるいは、次に取りあげる鈴木丹士郎の論と同じような説明になるのであろうか。

また、「この時代の、終止形・連体形統合の動きは、この種の語の上に、完全には働かずに、ただ連体形と終止形との音節の数を等しくしようとする力となって働いた、と考えてもいいかもしれない」というのはどういうことであろうか。終止形「はげし」が連体形「はげしき」に統合せずにただ連体形の音節の数つまり四音節と等しくなろうとして「はげしし」となったと言うのであろうか。連体形が終止形の代わりをするということは、まず音節数が等しくなるということなのだろうか。それにしても、何故にほかならぬ「し」が付いたのであろう。その点についての説明がない。

鈴木は次のように説明している。(18)

「あし」が「あしし」のような形をとる理由については、ク活用への類推ということは考えられる。シク活用は「しく・しく・し・しき」(已然形、命令形は除く)と活用するのに対し、ク活用は「く・く・し・き」(已然形、命令形は除く)である。ク活用の各活用形の音節数は同じであるが、シク活用の場合は終止形が他の活用形にくらべて一音節少ない。この違和感から同音節数に倣おうとする意識が働き、「し」を更に添加した「しし」形が現われたと考えられる。

日本古典文学大系本の補注についても同様であるが、一体に、人は、古代の人であれ現代の人であれ、たとえば「あし」という語を用いる場合、この語はシク活用だとか、シク活用は「しく・しく・し・しき」で終止形が他の活用形にくらべて一音節少ないなどということを意識するものであろうか。そうではなくて、「あし」が「あしし」に転ずるような場合には「あし」という語形そのものにその要因が含まれていると見るのが自然である。「あし」という形ではどうしても落ち着かず、「あしし」と改めずにはいられない事情があったのだと考えてみるべきである。

そこで、今、文語に対して口語形も行われていた時代を想定してみる。その時代においては、ク活用形容詞たとえば「つよし」の口語の終止形は、文語の連体形「つよき」がイ音便化した「つよい」である。この口語形「つよい」から文語形を再構復原するには、語尾「い」を「し」に変えればよい。つまり、当時の人にとっては、「――い」は口語形であり、それを「――し」とすれば文語となったのである。これを図示すれば、次のようになろう。

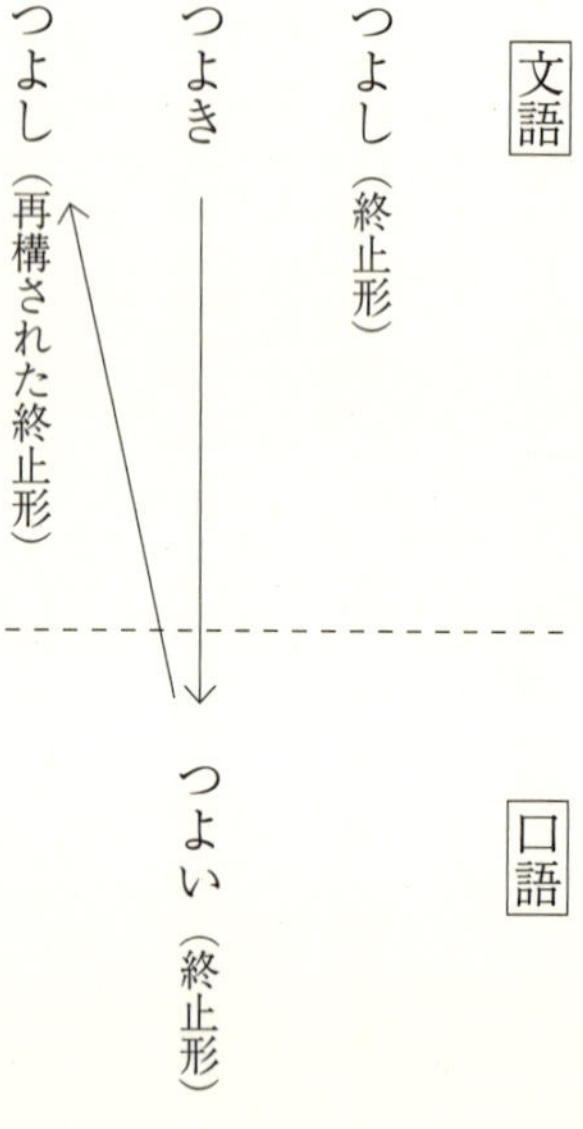

それに対して、シク活用、たとえば「はげし」の口語の終止形は、文語の連体形「はげしき」が

イ音便化した「はげしい」である。ここまでは問題がない。というよりも、当時の人にとって、口語形「はげしい」がどのような経過をへて成立したかというようなことは、関係のない問題である。口語形「はげしい」からいかにして文語形を再構するかが問題なのであるが、この場合に、「はげしい」の「い」を取って「はげし」を復原するのは（次図の点線の再構）、当時の人にとっては難しいことであったろう。何故ならば、「はげしい」は「はげしく」「はげしき」などの活用形をもち、「い」は重要な活用語尾（あるいはその一部）と意識されていたと想像されるからである。そうであれば、もう一方の再構、つまり「はげしい」の「い」を「し」に変えて文語形「はげしし」を得るという方向（次図の実線の再構）をとることになる。これをク活用への類推ということ

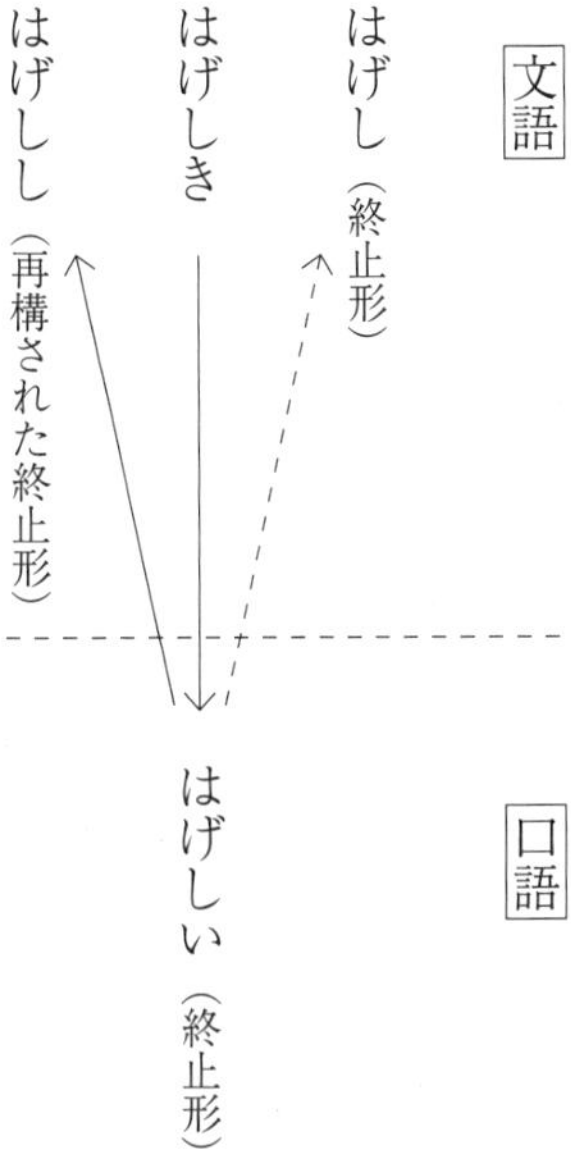

もできようが、個別の形容詞の文語形を再構する場合に、ク活用だシク活用だと区別しているわけではないから、要するに「――い」は口語形、「――し」は文語形という意識に基づいた再構であるということになる。

このような誤まった再構の例は動詞においても見出されるものである。たとえば、口語形に「改まる」という自動詞と「改める」という他動詞とがある。「あらためる」から文語形を再構する場合には、「る」を取って、「め」をその行のウ列音「む」に変えると「あらたむ」が得られる。一方、自動詞「あらたまる」は、文語においても「あらたまる」なのであるが、「あらためる」に語形が似ているためか、口語形のように意識されて、「あらためる」の場合同様、「む」を取って「ま」をその行のウ列音に変えて、文語形を「あらたむ」と再構してしまう。そのように誤って再構された自動詞「あらたむ」が、

・まづなつかしく立ち寄るほどに、月海にうつりて、昼のながめ又あらたむ。（奥の細道・松島）

である。『奥の細道』では、

・このしろといふ魚を禁ず縁記の旨世につたふ事も侍りし。(室の八島)

の「つたふ」も「つたはる」とあるべきを、誤って再構したものであろうし、有名な句、

荒海や佐渡によこたふ天の川

の「よこたふ」もまた「ヨコタワル」から誤って再構された文語形であろう。(19)

「ヨコタワル」は、四段活用だから、文語は口語と同じ形「よこたはる」なのだが、たまたま「ル」で終わり、「ル」の前の音「ワ」を同行ウ列音の「ウ」に換えると「よこたふ」が得られる。下一段活用化して成立した動詞と形が類似しているということで、類推がはたらいた。他動詞の「ヨコタエル」は、下一段活用化した動詞の規則通りに、「よこたふ」に復元することができる。

口語	文語
ヨコタエル――	よこたふ
ヨコタワル――	よこたふ

と並べてみると、「ヨコタエル」と比べて、「ヨコタワル」が「よこたふ」からそれほど遠い距離にあるとは感じられない。「ヨコタエル」から文語「よこたふ」が想起されるのと全く同じ論理と自然さで、「ヨコタワル」から文語「よこたふ」が想起されたことは、十分に考えられる。

さて、「――しし」型の形容詞が基本語彙的な性格をもっていることに注目して、鈴木は、

基本的な性格をもつ語は、目新しいものとも映らず耳ざわりでもなく、いわば無色のものとしてごく普通に用いられていたと考えられる。したがって、「し」を更につけ加えた形「しし」で古めかしさを表現しようとしたのではないかと思われる。シシ語尾形容詞は、そういう意味で人工的な文語ということができよう。古めかしさを表現するための形がシシ語尾であるとすれば、中世において新たに多量に生まれた形容詞にほとんどシシ語尾のものが認められないのは理由あってのことなのである。

と述べている。[20] 確かに「――しし」は古めかしさを表す形であったであろう。しかし、「――しし」に昔から用いられてきた基本的な形容詞が多いのは、それが口語形から、つまり昔から用いられ当代でも口語として用いられているその口語形から再構されたものであるからであろう。それに対して、中世において新しく生まれた形容詞が「――しし」というような不自然な形をとらないの

は、それが「――しい」という形から再構されたものではないからで、当然であろう。

ただ、ここで問題なのは、文語形とともに口語形が行われるようになった時期と、「――しし」の現れる時期との関係である。恐らく室町時代中期のころには、「――い」という口語の終止形がほぼ普通になっていたであろうが、[21]「――しし」はそれよりかなり早い時期から認められるのである。ただし、口語形の確かな例の認めにくい時期にあっても、人々の意識の中には、すでに連体形終止法やイ音便化の傾向は芽ばえており、いわば意識の中の口語形を媒介にして新しい文語形――破格の語形――が成立したことも考えられてよいだろう。

連体形終止法		イ音便形（口語形）		再構された文語形
はげしき	→	はげしい	→	はげしし

最後にもう一つ考えておきたいことは、シク活用形容詞の表記についての問題である。今、明応五年本節用集によって例を示すと、

甲斐敷　カイ〳〵シク

浦山敷　ウラヤマシク

美々敷　ヒヒシク
見苦敷　ミクルシキ
浅間敷　アサマシ

などのように、シク活用形容詞には「――敷」という表記が目立つのである。このような表記がいつごろから始まったのかは詳しく調査していないが、院政期以前には遡れないらしい[22]。中世にこのようにシク活用形容詞が「――敷」と表記されるのは何を意味するかというと、当時、シク活用の活用語尾が、「しく」「しき」と意識されていたことを意味するのである。「かひがひし」や「びびし」は、確かに「かひがひ」あるいは「びび」が語幹でそれに形容詞語尾「し」が付いたものである。こういう形容詞は他にも多い。しかし、「うらやまし」や「みぐるし」「あさまし」などは、決して「うらやま」「みぐる」「あさま」などに「し」が付いたものではない。それにもかかわらず当時は、「――・しき」「――・しく」と意識されたのである。このように「――・しき」「――・しく」と意識している人にとって再構される文語の終止形が「――・しし」となるのは当然の筋道だといえよう。ク活用への類推を考えるまでもなく、「――しく」「――しき」「――しい」と並べておいて、「――しい」に対応する文語形を考えれば「――しし」が出てくるのは当然だということになる。

【注】

（1）第七章に詳述。

（2）湯沢幸吉郎『徳川時代言語の研究』、松村明『江戸語東京語の研究』、和田利政「『よい』と『いい』」（『口語文法講座・3　ゆれている文法』）など。

（3）注（1）に同じ。

（4）もう一例、「かわゆし」から転じた「かわいい」の例をあげておこう。

・一人が法を犯したとて罪もない父母や同産の兄弟までつみせらるるは、かはいい事ぞ。（史記抄・八・孝文本紀）

・むさい子を持つてさへかはいいに、このやうなうつくしい子を持つて嬉しからう。（虎明本狂言・盗人の子）

・Cauaj（日葡辞書）

この例も、室町時代末期以前には遡ることができないようである。

（5）語幹末音節がイ列音であるク活用形容詞の例になるかと疑われるものに、上代語の「さきく」「まさきく」がある。

・つつみなく佐伎久いましてはや帰りませ（万葉・五・八九四）

・麻佐吉久と言ひてしものを白雲に立ちたなびくと聞けば悲しも（万葉・一七・三九五八）

しかし、「さきく」には、

・久慈川は佐気久あり待て潮船に真楫しじ貫き吾は帰り来む（万葉・二〇・四三六八）

・行矣　左介久（日本紀私記乙本）

・行　サケク（類聚名義抄）

・行矣　サコク（日本紀私記甲本）

などのように、「さけく」「さこく」などの語形もあり、平安時代以後には用例が多く認められない。形容詞と見なすとしても連用形だけであるし、「さきし」というク活用形容詞が存在したことは論証の限りではない。「まさきく」も「さきく」に接頭語「ま」を冠したものであり、同じことが言える。

（6）こういう断定的な言い方にはいささか注釈が必要で、方言などには存在するかも知れないし、また後述のように用例の一つや二つは指摘することができるが、共通語には存在しないとしていいだろう。

（7）大野晋 一九七四『日本語をさかのぼる』岩波書店 一二ページ一二行目以下。

（8）この解釈は小松英雄氏の教示による。

（9）連用形（副詞形）が特によく用いられるようである。また、連体形は文語調の改まった表現として用いられるようである。

（10）日葡辞書本篇の方には「サヤケサ（Sayaqeſa）」が掲出されているが、これにもp.という注記がある。なお、「さやけい」が本篇ではなく補遺篇に掲出されていることも、この語が当時一般的な語であったかどうかを考える上で参考になる。
(11) 北原保雄 一九七三『きのふはけふの物語研究及び総索引』研究篇 笠間書院 一〇四ページ参照。
(12) それどころか、最近では「すげい（←すごい）」「うめい（←うまい）」「おもしれい（←おもしろい）」などという語形がどんどん増えている。
(13) 慶野正次 一九七六『形容詞の研究』「形容詞一元論の再検討――『悪しし』型形容詞の発生について――」笠間書院 二二六ページ
(14) 橋本進吉 一九五九『国文法体系論』「用言の研究」岩波書店 三八〇ページ
(15) 日本古典文学大系『平家物語・上』岩波書店 四五三ページ上段
(16) このことに関しては、橋本進吉も注（14）文献の中で言及している。
(17) 一時代前の源氏物語では、異なり語数は、ク活用一〇二語に対してシク活用二一五語で、圧倒的にシク活用の方が多い。竹内美智子 一九六六「源氏物語形容詞の語構成について（その一）」『共立女子短期大学文科紀要』第10号
(18) 鈴木丹士郎「形容詞『――シシ』について」『国語学研究』3 一九六三年六月
(19) 北原保雄 一九八四『文法的に考える』「芭蕉『佐渡によこたふ』の自他」大修館書店 二七〇ページ以下。
(20) 注(18)文献。
(21) 注(13)文献三八一ページ参照。
(22) 築島裕氏の教示による。

【付記】

本章は、『中田祝夫博士功績記念国語学論集』（勉誠社　一九七九）所収の「形容詞の語音構造」によった。

第六章　形容詞のウ音便——その成立の過程をさぐる——

一、問題の設定

日本語の動詞、形容詞などの音便は、後世その変化の結果が一つの活用形として固定したが、その成立当初においては、音韻論で取り扱われる性質のものであった。

音便の成立の要因については、従来、すでに、二、三の説が行われている。そのまず第一は、漢字音の影響によるという説である。この考えは早く、本居宣長《もとおりのりなが》の『漢字三音考』の付録「音便ノ事」に、

皇国言ニサヘ音便ト云モノ出来テ。字音ノ如ク云ヒナス(こと)多シ。(割注省略)是レモト字音ヲ呼ヒ馴タルヨリ移レル者ニシテ。皆正音ニ非ズ。(1)

のように見えるものであるが、山田孝雄《よしお》が、

(平安朝ノ初期ニ)漢語はその発音に於いて著しく日本的となり、今日の如く「イ」と「ウ」との二種の尾韻を有するに至り、更に進みては、動詞として、日本的の語尾変化をなすものあ

るに至りぬ。而、国語も、亦、漢字音にならひて音便といふ現象を生ずるに至りぬ。即、音便とはある種類の音をば「イ」「ウ」の韻に変化せしむるものにして、その「イ」「ウ」に限れると、尾韻的なるとは漢語の感化によるを見るべし。(2)

と論じて、この説を支持してから、一段と有力になった。

ところで、ひとくちに音便といっても、いろいろな音便がある。音便には、イ音便とウ音便、撥音便と促音便の四つの種類があるが、前二者は、ある特定条件下の特定の音節がイ音もしくはウ音という別の音節に変化するもので、日本語の音韻組織に特に新しい音節が生じるものではない。それに対して、後二者は、それまでに日本語には存在しなかった、新しい音韻が生じたもので、音韻組織上の変化である。したがって、両者は、きわめて異質のものであるが、これを日本語の音韻史の面から見ると、四者は、またきわめて重大な共通点を有する。それは、それらが、ともに上代日本語の音韻法則を破るものであったということである。橋本進吉によって明らかにされたことであるが、上代日本語においては、母音音節は「音結合体」——文法でいう文節にあたる——の最初にのみ位置し、その中間および後尾には位置しないという原則がある。(3)したがって、一つの音結合体において母音が連続することは、原則としてなかったわけである。しかして、イ音便・ウ音便の成立は、その原則を破ったものである。また、上代日本語には、撥音も促音も原則として存在しなかった。しかして、撥音便・促音便の成立は、それらの音韻を音韻組織の中に組み入れることを要請したのである。

　音便が発生成立した中古初期当時、さかんに日本語に取り入れられたと推定される漢語の字音には、母音の連続や撥音・促音の存在が容易に認められる。したがって、この日本語音韻史上の画期的変化が、漢字音の醸成した素地を基盤として可能であったという想定は、一応許されるだろう。しかし、それはあくまでも間接的、背景的な影響であって、漢字音における音韻法則が、積極的、直接的に日本語の音韻法則に変化をもたらしたということは、論証のかぎりではない。

　第二に行われている説は、音便の発現は、日本語の発音運動の自然の推移である、すなわち、発音をらくにしようとすることに起因するものであるとする説である。たとえば、馬淵和夫は、音便現象を右のごとく整理して、

> 喉音・口蓋音（つまり奥の音）においては子音が脱落し、唇音（つまり前の音）においては母音が脱落し、舌音（つまり中部の音）においてはｔｎ音となるという一般的な法則が発見されると思う。これはつまり発音をなるべくなまけることであると解せられる。(4)

と結論づけている。この卓見は、音便発生の要因をはじめて学的に解明したものであるが、理論的

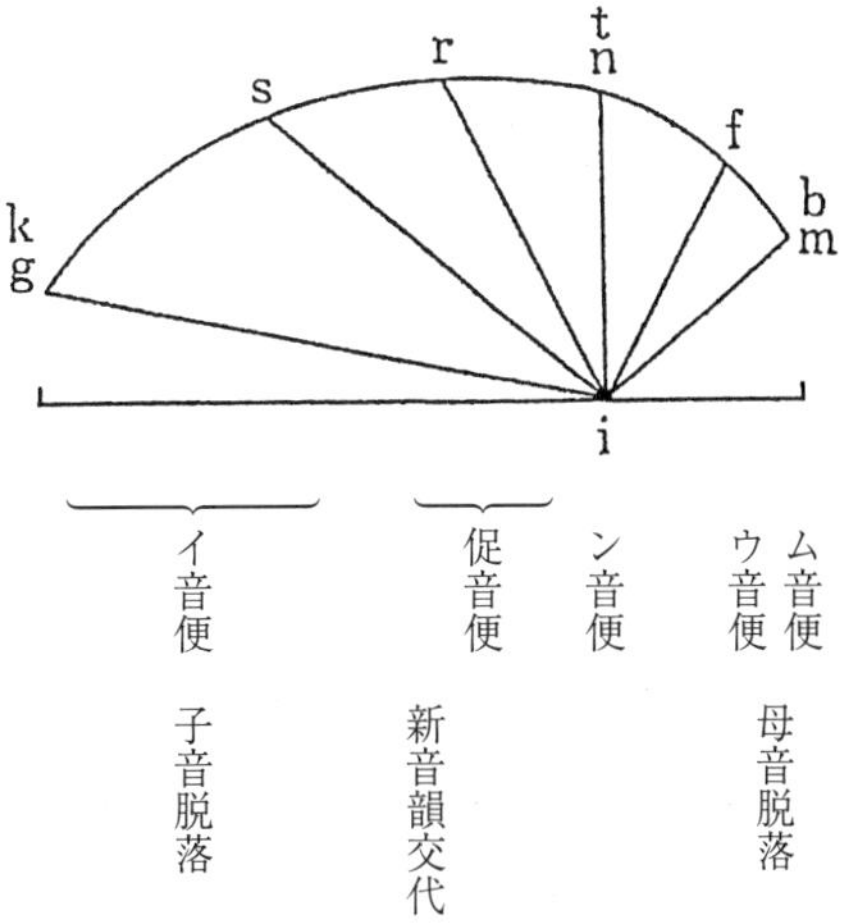

ム音便（iおち、mのこる）
ン音便（iおち、nのこる）
ウ音便（iおち、ûのこる）
ン音便（ruおち、nになる）
促音便（ti、riおち、tになる）
ウ音便（kおち、uのこる）
イ音便（kgsおち、iのこる）

にその結論だけを要約したものである点に不満が残る。この説は、さらに、個々の音便の場合についての帰納的な検証を俟《ま》って、より強力なものになるであろう。

本章では、以上のような研究成果をふまえて、音便成立当初の中古期において、最も多くその例数を示す形容詞連用形のウ音便を対象として、これを可能なかぎり科学的に分析考察してみたい。

ところで、ここまでは、通説に従って、要因という表現を使用してきたが、考えてみると、音便発生の要因の解明は、それほど容易なことではない。すでに生じ行われている現象を分析し考察しても、そこに解明されることがらは、その現象がどのように展開され進行していったか——これを、本章では、成立の過程と呼ぶ——ということであり、かならずしも、その現象の発現の直接的要因ではない。音便発生の要因とは、もっと根本的に、

1 ある活用形式のある活用形に限って音便が生ずることの理由
2 音便化する音節が特定のものに限られていることの理由
3 活用語における体系的な音便と、他の品詞における個別的な音便との関係

などを説明するものでなければならない。そういう点では、上記二説もまた、要因たりえないものであるということになるであろう。

そこで、本章では、音便発現の要因（why）と音便成立の過程において認められる原理（how）とを区別し、後者について考察することにする。ただし、両者は、まったく無関係なものではなく、過程を遡源していけば、発現に至るのであり、過程において認められる展開の原理が発現の要因に通じることも少なくない。筆者としても、そのことを期待するものである。

なお、考察は、『源氏物語』を中心とする中古の和文資料を対象とするが、そのうち主たるもの

は、それぞれ次の底本によった。

竹取物語＝竹取物語総索引
蜻蛉日記＝かげろふ日記総索引
源氏物語＝源氏物語大成
紫式部日記＝岩波文庫本
枕草子＝日本古典文学大系本
和泉式部日記＝和泉式部日記総索引
更級日記＝更級日記総索引
浜松中納言物語＝浜松中納言物語総索引
堤中納言物語＝堤中納言物語総索引
大鏡＝日本古典文学大系本
栄花物語＝日本古典文学大系本

二　資料の信憑性についての検討

言うまでもないことであるが、用例の調査には資料の信憑性ということが、問題となる。ことに、音便などという、自在なゆれを示したと推定される微妙な語形変化を問題とする場合、いわゆる一等資料ならぬ中古の和文資料が、どれほどの信憑性を有するかは、はなはだ疑問である。

それでは、和文資料を対象としての形容詞連用形のウ音便化のあとづけは不可能だということになるのであろうか。

〔表1〕は、『源氏物語』青表紙本系の諸本について、形容詞連用形に助詞「て」「は」「も」「ぞ」「なむ」「こそ」などが下接した場合のク語尾形とウ音便形との異同を調査して得た結果である。すなわち、『源氏物語大成』の底本本文には、「ク活用連用形＋て」五九七例、「ク活用連用形＋は」八八例、「ク活用連用形＋も」二二九例、「ク活用連用形＋ぞ」三五例、「ク活用連用形＋なむ」九四例、「ク活用連用形＋こそ」七六例が存在するが、それらの合計一一一九例中、ク語尾形かウ音便形かで底本と異なる語形をとる（底本が「～ク」であれば、「～ウ」、「～ウ」であれば、「～ク」のような例）本が一冊のものは、19＋4＋8＋2＋1＋6の四〇例であり、二冊が底本と異なるものは、1＋3＋5＋1＋2＋3の一五例である。以下三冊のもの一六例、四冊のもの六例、五冊のもの三例である。

また、シク活用の方は、全部で356＋134＋229＋34＋99＋38の八九〇例のうち、一冊のもの九〇例、

下接の助詞による分類		全用例数 ＼ 異文をもつ冊数	1	2	3	4	5
ク活用の連用形＋	て	597	19	1	5	2	2
	は	88	4	3	2	0	0
	も	229	8	5	7	4	1
	ぞ	35	2	1	0	0	0
	なむ	94	1	2	0	0	0
	こそ	76	6	3	2	0	0
合計		1,119	40	15	16	6	3
シク活用の連用形＋	て	356	34	21	33	8	1
	は	134	11	3	2	1	0
	も	229	26	11	25	4	0
	ぞ	34	4	2	1	0	0
	なむ	99	11	8	5	3	1
	こそ	38	4	3	3	1	0
合計		890	90	48	69	17	2

〔表1〕

二冊のもの四八例、三冊のもの六九例、四冊のもの一七例、五冊のもの二例で、六冊以上のものは、ク活用、シク活用を通じて一例もない（以上の数字には「ク」と「ウ」の異同以外の異同は入っていない。もっとも、その数は、きわめて少ないが）。

　異文をもつ本が一冊や二冊の場合は、その異文の方がむしろ問題なのだと考えることもできるので、一応除外すれば、異文が三冊以上にわたるものは、ク活用の場合で、16＋6＋3の二五例、シク活用の場合で、69＋17＋2の八八例である。したがって、標本調査による推定的な論述が許されるならば、ク活用の場合は、$\left(1-\frac{25}{1119}\right)\times 100$ の九七・八％、シク活用の場合は、$\left(1-\frac{88}{890}\right)\times 100$ の九〇・一％が、青表紙本に共通の本文であるということができる。

　シク活用の九〇・一％は問題であるという見方もあろうが、この懸念を払拭するには、次の事実が参考になる。すなわち、たとえば、「シク活用連用形＋て」や、「シク活用連用形＋も」などでは、〔表2〕に示すように、それぞれ一五八七ページ一一行目、一五八一ページ五行目以下、連続して、ある異本にウ音便形が集中しているという事実である。一体にウ音便形はある部分に集中して現れる傾向が強いようで（そういう点で、『栄花物語』におけるウ音便形の偏在は注目される）、したがって、異文もまた集中する傾向があるのであろうが、――〔表2〕のような箇所は他にもいくつか指摘できる――こういう部分が、異文数を高めているのである。

ページ行数＼諸本	底	御	池	三	その他
1587 の 11	ク	ウ	ウ	ウ	
1593 の 9	ク	ウ	ウ	ウ	
13	ウ	ウ	ウ	ウ	
1594 の 10	ク	ウ	ウ	ウ	
1595 の 13	ク	ウ	ウ	ウ	
1597 の 6	ク	ク	ウ	ウ	
1599 の 2	ク	ク	ウ	ウ	
1600 の 3	ク	ウ	ウ	ウ	
5	ク	ウ	ウ	ウ	
1601 の 4	ク	ウ	ウ	ウ	
7	ク	ウ	ウ	ウ	
1603 の 9	ク	ウ	ウ	ウ	
1604 の 5	ク	ウ	ウ	ウ	
1608 の 12	ク	ウ	ウ	ウ	
1609 の 2	ク	ク	ク	ク	
1611 の 5	ク	ウ	ウ	ウ	
1616 の 2	ク	ウ	ウ	ウ	
1620 の 13	ク	ウ	ウ	ウ	
1625 の 3	ク	ウ	ウ	ウ	肖ウ
1631 の 9	ク	ウ	ウ	ウ	
1632 の 14	ク	ク	ク	ク	
1633 の 6	ク	ク	ク	ク	
1635 の 5	ク	ク	ク	ク	
1637 の 13	ク	ウ	ウ	ウ	
1644 の 6	ク	ク	ク	ク	
1647 の 8	ク	ウ	ウ	ウ	
10	ク	ウ	ウ	ウ	
1660 の 10	ウ	ウ	ウ	ウ	
1664 の 4	ク	ク	ク	ク	
1667 の 5	ク	ウ	ウ	ウ	
1670 の 5	ク	ク	ク	ク	
1677 の 12	ウ	ク	ウ	ク	

（イ）「シク活用連用形＋て」

ページ行数＼諸本	底	御	池	三	その他
1581 の 5	ク	ク	ク	ク	
1591 の 9	ク	ウ	ウ	ウ	
1592 の 8	ク	ウ	ウ	ウ	
8	ク	ウ	ウ	ウ	
1593 の 2	ク	ク	ウ	ウ	
1594 の 6	ク	ウ	ウ	ウ	
7	ク	ウ	ウ	ウ	
1596 の 8	ク	ウ	ウ	ウ	
1604 の 7	ク	ウ	ウ	ウ	
1608 の 14	ク	ウ	ウ	ウ	
1616 の 14	ク	ウ	ウ	ウ	肖ウ
14	ク	ウ	ウ	ウ	肖ウ
1627 の 2	ク	ウ	ウ	ウ	
1631 の 5	ク	ウ	ウ	ウ	
1642 の 5	ク	ウ	ウ	ウ	
1643 の 5	ク	ウ	ウ	ウ	
7	ク	ウ	ウ	ウ	
1654 の 10	ウ	ウ	ウ	ウ	
1661 の 3	ウ	ウ	ウ	ウ	
1668 の 6	ウ	ウ	ウ	ウ	
1680 の 1	ク	ク	ウ	ウ	
1683 の 8	ウ	ウ	ウ	ウ	
1708 の 11	ク	ク	ク	ク	

（ロ）「シク活連用形＋も」

（注）　底＝「大成」の底本、御＝御物本、池＝池田本、三＝三条西家本、肖＝肖柏本、ク＝ク語尾形、ウ＝ウ音便形
その他の異本で底本と同一の語形のものは、とりあげていない。

〔表2〕

〔表2〕は、

1 シク活用における約一〇％という異文がかならずしも偶発的に生じているのではないこと。したがって、その百分比の高さだけから底本本文の信憑性を疑ってはならないこと。

2 それぞれの異本には有機的統一性が認められること。

などを示唆しているように思われる。これを要するに、異文の存在は、底本本文の有機的統一性の欠如、それからして、その信憑性の低さを証言するものではないということである。

本文の校異ができていない他の資料については、『源氏物語』におけるような検討は、不可能に近いが、書写年代が古く善本と呼ばれている資料については、おおむね、同じ程度に信頼していいものと思われる。いな、実情は、そのように考えてかかるしかない。いつの時代の言語を反映しているものか、正確に決定しがたい資料に対しては、むしろ、逆に、そこに用いられている言語の内部分析から始めるより方法がないということである。

三、ク活用とシク活用との別から見た形容詞ウ音便化の状態

さて、本章の主題に戻って、形容詞連用形のウ音便化の状態について調査してみよう。〔表3〕は、『源氏物語』における、ク活用、シク活用の別に見たウ音便化の状況である。〔表3〕に見られる顕著な傾向は、シク活用の連用形の方が、ク活用のそれと比較して、ウ音便化の度合が大きいということである。すなわち、本章では、

	ウ音便例	連用形の全用例	ウ音便化率
ク活用	1,161	6,066	**19.1**
シク活用	1,926	4,412	**44.1**

〔表3〕

$$\frac{〔ウ音便例〕}{〔ウ音便例〕+〔(シ)ク語尾例〕}\times 100=\frac{〔ウ音便例〕}{〔連用形の全用例〕}\times 100$$

の値を、「ウ音便化率」と呼ぶことにするが、〔表3〕によれば、ク活用のウ音便化率は、一九・一%、シク活用のそれは、四四・一%で、後者は前者の二倍強の数値を示す。確率論にいう「大数の法則」によって、右の百分比は、かなりの信憑性を有するものと見なしていいが、形容詞の連用形にもいろいろの用法があることを考え、慎重を期して、同一の条件、たと

形容詞に下接する助詞		て	は	も	ぞ	なむ	こそ
ク活用	ウ音便例	31	17	47	5	3	20
	連用形全用例	597	88	229	35	94	76
	ウ音便化率	**5.2**	**19.3**	**20.5**	**14.3**	**3.2**	**26.3**
シク活用	ウ音便例	114	50	93	8	36	20
	連用形全用例	356	134	229	34	99	38
	ウ音便化率	**32.0**	**37.3**	**40.6**	**23.5**	**36.4**	**52.6**

〔表4〕

えば、「て」「は」「も」「ぞ」「なむ」「こそ」など、比較的用例の多い、ある種の助詞が下接する場合について調査してみても、〔表4〕のようにシク活用の方が、ク活用よりウ音便化率の高い状況は変わらない。〔表4〕からは、下接する助詞の違いによって、ウ音便化率にかなりの高低のあるらしいことが見てとれるが、そのことについてはここでは考えないことにするとして、とにかく、同一の条件の下では、つねにシク活用の方のウ音便化率が高いことが知られる。

桜井茂治《しげはる》は、シク活用の方がク活用よりもウ音便化が進んでいたことを物語る現象の一つとして、ウ音便形の方が、ク語尾形もしくはシク語尾形より多い語、すなわち本章でいうウ音便化率の五〇％以上の語が、たとえば、『源氏物語』において、ク活用の方には一一例しかないのに対して、シク活用の方には五一例あることをあげている(5)。

筆者が、桜井と同じ方法で調査したところでは、ク活用三四例、シク活用六一例で、かなりその語数が増加するが、シク活用の方にウ音便化率五〇%以上の語が多いことは変わらない。ただ、このようなデータがどれほどの意味をもつものであるかということについては、きわめて疑わしい。たとえば、「あらし」「けぶたし」(ウ音便例一、ク語尾例〇、したがってウ音便化率一〇〇%)よりは、むしろ、用例が多くウ音便化率の比較的高い「わかし」(同、三〇、四一、四二・三%)、「ねたし」(同、一四、二一、四〇・〇%)などの方に意味が感じられる。個々の語について検討し、そのことからク活用とシク活用のウ音便化率の差異を論証しようとする場合には、ク活用の語でシク活用の語の平均ウ音便化率四四・一%より高い語、シク活用の語でク活用の平均ウ音便化率より低い語などについての慎重な考察が必要である。

しかし、シク活用の方にウ音便化率五〇%以上の語が多いという事実は、シク活用の方がウ音便化が進んでいたという推定にとって、肯定的データとはなっても否定的なそれにはならない。

さらに、『源氏物語』の前後のほかの和文資料でも、〔表5〕に示すように、すべて、シク活用のウ音便化率の方が高くなっている。中で、『竹取物語』のク活用のウ音便化率が、シク活用のそれに接近しているのが注目されるが、ク活用のウ音便一〇例のうち、八例が「かうして」であり、他の二例が「ちかう(近)」(全四例のうち)と「とう(疾)」(全二例のうち)とである。「かうして」が「からくして」のウ音便形であることは動かないが、これは早くから慣用化した特殊な例である。

	ク活用			シク活用		
	ウ音便例	連用形全　例	ウ　音便化率	ウ音便例	連用形全　例	ウ　音便化率
竹取物語	10	88	**11.4**	6	43	**14.0**
蜻蛉日記	126	456	**27.6**	164	254	**64.6**
紫式部日記	51	169	**30.1**	54	131	**41.2**
枕草子	240	749	**32.3**	514	648	**79.3**
和泉式部日記	19	107	**17.8**	62	89	**69.7**
更級日記	39	187	**20.9**	58	146	**39.7**
浜松中納言物語	419	1,109	**37.8**	673	877	**77.3**
堤中納言物語	19	183	**10.1**	49	137	**35.7**
大鏡	55	531	**10.4**	174	373	**46.7**
栄花物語	412	2,231	**18.5**	1,995	2,825	**70.6**

〔表5〕

以上を要するに、中古和文資料においては、シク活用のウ音便化率がク活用のそれと比較して、かなり高いという傾向が認められる。この差異については、筆者も、別の面から気づいていたのであるが、紙面に公表されたものとしては、桜井のものが早い。烱眼に敬意を表したい。

それでは、シク活用のウ音便化率の方がク活用のそれよりも高い、その理由は何であろうか。一応、次のようなものが考えられる。

1 シク活用の連用形は、「～シ＋ク」であるが、「～シ」は、その終止形と同形であるから、「ク」が「ウ」に変化しても、意味が損なわれにくい（意味がわかりにくくならない）。

2 ク活用と比較して、シク活用は、語幹が長いが、語幹の長い方が語尾に変化があっても意味が損なわれにくい。

竹内美智子によれば、『源氏物語』においては、ク活用の語幹はすべて三音節以下の音節数からなり、中でも、二音節のものが圧倒的に多いのに対し、シク活用のそれは四音節のものが最も多く、六・八音節のものもある(6)。

3 シク活用の「ク」の直前の音節は、常に「シ」であるから、「～シウ」という定型がとられやすい。

4 「シ」はi列音であるが、狭母音iとuとに挟まれた場合に、kは脱落しやすい。

桜井は、彼が追求している一連のテーマに関連づけて、この理由を、形容詞の構造の問題に求めている(7)。

四、形容詞ウ音便の分布

ところで、第一節の冒頭において述べたように、音便は、その成立当初においては音韻的現象であった。一方、ク活用とかシク活用とかは、活用の種類という文法上の問題である。したがって、前節で見たように、ク活用とシク活用との間にかなり顕著なウ音便化率の差異が認められるにしても、そのことからすぐに、ウ音便化の問題をク活用とシク活用との対立として設定しようとするのは、やはり論理の短絡である。

そこで、活用の違いというような問題のとらえ方から離れ、ウ音便化する「ク」音節の音韻上の環境について考察してみることにする。ある音節の音韻的環境は、その直前の音節と直後の音節とによって決定されるが、音便について考察する場合、形容詞のウ音便の考察に限って言えば、

1 音結合体の最初の音節には決して生じない。

2 音結合体の最後の音節にも生じる。

の二点が特徴としてあげられる。1については、イ音便の場合も撥音便・促音便の場合も同様であ

る。しかし、2は、イ音便の場合はともかく、特に撥音便と促音便との場合にはまったく適合しない。この事実は、撥音便・促音便の成立についての考察がウ音便の場合とは別の方法によってなされなければならないことを示唆している。

しかし、それはさておくとして、右の二点から特に直前の音節が重要であると考えられ、また、直前の音節と直後の音節とを同時に組み合わせて考察することは、いたずらに煩雑になる恐れがある。そこで、まず直前の音節について考察する。

「ク」音節の直前の音節について、まず言えることは、第三節の最後に3としてあげた、

シク活用連用形の末尾音節「ク」の直前の音節は常に「シ」である。

ということである。連用形が「〜シク」の形のものをシク活用と称するのであるから、これは、当然のことであるが、この当然の事実が、意外に重大な意義を有するようである。何故かと言うと、徹底した調査によるものではないが、ク活用形容詞連用形の末尾音節「ク」の直前の音節を分類してみると、「シ」はもちろんのこと（「シ」であればシク活用である）、その他のi列音もまったく認められないからである。ク活用形容詞連用形の「ク」の直前には、a列音・u列音・e列音・o列音が存在するのに対して、シク活用形容詞連用形の「ク」の直前の音節は、当然のことながら、

活用の種類＼kuの直前の音節の母音	ク活用	シク活用
a	a－k＝u	▨
i	▨	＝i－k＝u
u	＝u－k＝u	▨
e	＝e－k＝u	▨
o	＝o－k＝u	▨

〔図1〕

常に「シ」というi列音である。これをわかりやすく図示すれば、〔図1〕のようになる。

ところで、〔図1〕における▨で示した部分は、はたして、体系的欠落（systematic gap）であろうか、あるいは、単なる見せかけの偶発的欠落（accidental gap）なのであろうか。まず、シク活用における四つの欠落▨が体系的なものであることは、問題ない。シク活用の連用形は、「～シ＋ク」以外の何ものでもないからである。

問題になるのは、ク活用におけるただ一つの欠落▨である。体系的欠落であることの証明は、経験科学の性質上、不可能であり、あくまでもその可能性についての説明にとどまらざるをえないが、この問題に関連して興味深い事実がある。それは、現代語「おおきい（大）」に対応して中古に存在してもいいと思われる「おほきし」という形容詞が実際には存在しないということである。周知のように、中古では、形容動詞「おほきなり」がもっぱら用いられる。また、「あかし（赤）」「あをし（青）」「くろし（黒）」「しろし（白）」などのグループに属し、現代語「きい（黄）」（現代語としても活用は完全でなく、使用されることもさほど多くない）に対応するはずの「きし」という形容詞も実在しない。「おほきし」も「きし」も、もしそれらが実在したとすれば、それぞれに対応する現代語の活用、その表す意味が客観的なものであることなどからして、ク活用であった蓋然性がきわめて大きい。そうして、これらのク活用形容詞「おほきし」「きし」などは、実在しなかったのである。この事実は、ク活用形容詞の連用形の末尾音節「ク」の直前——語幹の末尾音節——におけるi列音の欠落が、たまたま調査の対象とした資料による偶発的なものではなく、体系的なものであることを支持する一つの有力な傍証となりうるであろう。ちなみに、現代語形容詞には、中古語の「あはつけし」「あまねし」「しげし」「せし」「なめし」などに対応する、「あわつけい」「あまねい」「しげい」「せい」「なめい」などは存在しないが、これらがすべて語幹末尾の音節がe列音のものであること、そうして、この欠落が体系的なものであるらしいことなどについては、すでに第五章に整理して述べた。

経験科学においては、体系的欠落の証明が困難であるというよりはむしろ不可能であるということについてはすでに述べたが、それとはまったく逆に、偶発的欠落であることの証明は、その反証となる一つの実例の存在を指摘することで完全である。そういう点で、「きびし（厳）」という語の存在は注目される。すなわち、「きびし」は、中古初期、たとえば『金光明最勝王経平安初期点』(8)などにおいては、ク活用であった形跡のあることが報告されているが、この「きびく」一例の存在は、ク活用形容詞の語幹末尾の音節における i 列音の欠落が、体系的なものであることを否定するに十分なのである。しかし、このク活用「きびし」は、それにしてもまったくの孤例であり、いかにも短命であった。この事実はもっと重視されるべきであり、「きびし」が、ク活用からすぐにシク活用に変化してしまわなければならなかった、その背景に働いていたものに注目しなければならない。そういう点で、この語が、中世に至って、再び、ク活用として『中華若木詩抄』や『史記抄』などの抄物に姿を現す際、「きびく」ではなく「きぶく」に形を変えている(9)ことも、この期に至ってもなお「きびく」を阻止するような力が強く働いていたらしいことを思わせ、興味深い。こうして、体系的欠落を否定するかに見えた特殊例「きびし」は、むしろ、その体系的欠落であることを積極的に支持する貴重な例であるということになる。

　さて、以上のように、〔図1〕における欠落（gap）が、すべて体系的（systematic）なものであるということになると、形容詞におけるク活用とシク活用という活用上の分類は、単に文法論上の問題にとどまらず、音韻論的にも意味をもつことになるが、このような検討をへて、はじめて、第三節で試みたク活用とシク活用との分類が音韻論的考察の上で意味をもつことになるのである。

　しかし、ここで注意しなくてはならないのは、〔図1〕から明らかなように、シク活用はク活用と対立（contrast）しているのではなく、ウ音便化する「ク」音節の直前の音節が i 列音であるということで、ク活用のそれの a 列音・u 列音・e 列音・o 列音の語群と、等位に並ぶものであるということである。したがって、ウ音便の考察において、ク活用とシク活用とを対立させて設定する方法は、誤りであったということになる。

そこで、以上のような重大な事実を確認した上で、「ク」音節の直前の音節を、その構成母音の別に分類し、それぞれのウ音便化の状況を調査してみる。〔表6〕は、その調査の結果をまとめたものである。言うまでもなく、iはシク活用でありaueoはク活用である。

さて、資料によって、かなりの相違はあるが、最も信憑性が高く、最も用例数の多い『源氏物語』を中心に見ると、〔表6〕においては、次のような傾向を指摘することができる。

(ア)「ク」音の直前の音節がi列音である語――以下、「i列音の語」などと略称することがある――のウ音便化率が最も高い。

(イ)「ク」音の直前の音節がu列音である語のウ音便化率はきわめて低い。

(ウ)「ク」音の直前の音節がa列音である語のウ音便化率はi列音の語のそれにつづいて二番目に高い。

(エ)「ク」音の直前の音節がe列音またはo列音である語のウ音便化率は、a列音の語のそれより低く、u列音の語のそれより高い。

資料＼母音	a		i		u		e		o	
竹取物語	15.3		14.0		0		0		4.5	
	9	59	6	43	0	6	0	1	1	22
蜻蛉日記	28.6		64.6		0		46.2		29.8	
	92	322	164	254	0	27	6	13	28	94
源氏物語	22.0		44.1		1.3		17.2		15.8	
	922	4193	1926	4412	7	529	45	162	118	1182
紫式部日記	31.1		41.2		5.6		0		37	
	32	103	54	131	1	18	0	1	18	47
枕草子	38.0		79.3		2.0		26.7		29.6	
	156	411	514	648	1	50	4	15	79	267
和泉式部日記	21.5		69.7		0				10.5	
	17	79	62	89	0	9	0	0	2	19
更級日記	23.2		39.7		0		100.0		14.1	
	32	138	58	146	0	4	1	1	6	44
浜松中納言物語	38.4		77.3		22.6		71.4		36.7	
	338	881	673	877	12	53	10	14	59	161
堤中納言物語	15.5		35.7		0		0		0	
	19	123	49	137	0	16	0	2	0	46
大鏡	11.8		27.8		0		0		6.7	
	40	338	69	248	0	20	0	5	11	164
栄花物語	21.7		70.6		1.3		28.7		12.6	
	340	1568	1995	2825	2	157	11	39	59	467

〔表6〕

(注) 各欄の数字は

ウ音便化率	
ウ音便例	連用形全例

を表す。

〔表6〕を参照しながら、右の四項についていささか説明を加えると、『竹取物語』のa列音の語のウ音便化率はi列音の語のそれよりも高くなっているが、a列音の語のウ音便例九は、すでに述べたように、「かろうして」八例と「ちかう」一例とである。また、e列音の語とo列音の語、特に前者は、資料によって、そのウ音便化率の差異が大きく、一〇〇%から〇%までの幅を示す。しかし、『源氏物語』以外の資料における例数が、百分比を出すにはあまりにも少ないものであることを思うべきである。

以上の点の考慮もふまえて、右にあげた四項のうち、(ア)と(イ)とが特に重要であると言うことができるであろう。(ア)については、すでに詳しく述べたので省略するが、(イ)について見ると、u列音の語のウ音便化率は、他の列音の語のそれとかけ離れて低く、むしろゼロに近い(ただ、『浜松中納言物語』の場合は、u列音の語のウ音便化率が最低であるという点では問題ないが、絶対的には、それがかなり高くなっていて、やや例外的である)。たとえば、『源氏物語』では、u列音の形容詞の連用形全五二九例のうち、ウ音便例はわずか七例だけであるから、あるいは、この七例は誤写・誤例と見られないこともないが、〔表7〕に示すように、青表紙本系諸本が一致してウ音便形になっているものが、五例もあることを考え、なお慎重に、僅少のウ音便例を認めた上で、き、わ、め、てウ音便化しにくかったとすべきであろう(ちなみに、後世、たとえばキリシタン資料などでは、u列音の語のウ音便化率は、他の列音の語のそれと差異がなくなる)。

語	頁行	異文
あつう（熱）	一八三一の5	〔別本〕いきり御保―ナシ池
うしろやすう	二一一三の1	〔青表紙本〕補入横―うしろやすく（う）池 〔別本〕心やすく御―ナシ陽
こころやすう	一三一九の4	〔異文なし〕
〃	二〇三九の6	〔青表紙本〕心やすく榊二肖三 〔別本〕中〳〵心やすく宮国
しるう（著）	一七五の5	〔異文なし〕
〃	一三八七の3	〔河内本〕をのつからしるく河 〔別本〕なか〳〵しるく陽保一中〳〵阿
ひとわるう	八九二の13	〔青表紙本〕人わろう横池―人わろく三 〔別本〕わひく陽

〔表7〕

（注）＝異文の示し方は『源氏物語大成』の様式による。

以上を要するに、連用形語末音節「ク」の直前の音節に注目すると、かなりよくウ音便化するｉ

列音の語の場合と、きわめてウ音便化しないu列音の語の場合とを両極に、

i＞a＞e・o＞u

という順位が認められるということである。(10)

五、形容詞のウ音便化現象の進行過程についての一つの仮説

第四節に見たような、ウ音便化における顕著な傾向は、それでは、何を意味するものであろうか。i列音の語のウ音便化率が高いことの理由については、それがシク活用と一致するところから、結果的には、第三節の最後に、考えられることの一部を列挙したことになる。しかし、ク活用の語とシク活用の語とが、ウ音便化する上で、対立するものでないことが明らかとなった現在、そういう観点からの理由づけは、部分的に当を得ている項目があるにせよ、無意味となったわけである。i列音の語のウ音便化率の高いことの理由は、u列音の語のそれがきわめて低いことの理由と併せ考察されなければならない。前者の理由は、そのまま、後者の理由に通じるものでなければならない。

さて、形容詞連用形のウ音便化は、=a－k=u、=i－k=u、=u－k=u、=e－k=u、=o－k=u においてkが脱落する――単純に、「脱落する」と言っていいかどうかは問題であるが、一応このように形式化する――現象であるというように形式化できるであろう。そうして、問題は、=i－k=u の場合に最もよくkが脱落し、=u－k=u の場合にはkの脱落がまれであることの理由は何であるかを問うことである。そこで、kを挟んでいる前後の母音に注目すると、kの脱落することのまれな =u－k=u においては、kの前後は同一の母音uである。kの脱落することの多い =i－k=u においては、iは前舌母音でありuは後舌母音であって、両者は、その調音上対蹠的関係にある母音である。

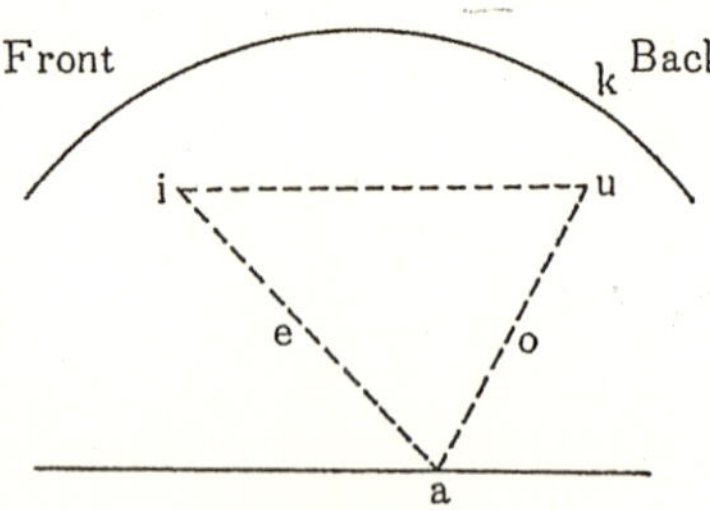

〔図2〕

このように見ると、kは、それを挟む前後の母音音素がその調音上離れている場合には脱落しやすく、近い関係にある場合には脱落しにくいのではないかということが想定されてくる。そうして、この想定は、他の三つの母音の場合についても適用されるように考えられる。すなわちa列音の語 =a－k=u は、i列音の語についでそのウ音便化率が高いが、この場合も、kを挟む母音aとuとは、広と狭（舌の位置が高いと低い）で、その調音上、対蹠的関係にある。ただ、iとaとは、uに対して、同様に対蹠的関係にありながら、i列音の語の方のウ音便化率がはるかに高いこ

との理由については、

(ア) 狭母音・iとuとに挟まれた場合にkは脱落しやすい

(イ) a列音の語の場合ウ音便化すると＝auとなるが、これは開きの狭いものから開きの広いものに進んでいくというような構造をもっている国語の音節の特質にもとるものである[11]（もっとも、厳正には、c＝a－u（cは子音）は二音節であろうが）

などが一応考えられるが、確かなことはわからない。また、e・oの場合は、iやaの場合と異なり、舌の位置の前後、口の開きの広狭いずれの点においても中間的で、調音上、後舌狭母音のuと対蹠的関係にはない[12]。

調音上、対蹠的関係にある母音に挟まれている場合にはkが脱落しやすく、近い関係にある母音に挟まれている場合にはkの脱落することがまれであるとすると、それでは、その理由は何であるか。それは、やはり、発音上の問題にかかわるものであろう。＝i－k＝uや＝a－k＝uが発音しにくく、＝u－k＝uが発音しやすいというようなことは、簡単には言えないが、前二者の方が舌の移動の大きいことは事実である。調音上離れている二つの母音に挟まれて、舌が大きく移動するその中間で調音される子音が、舌の移動しない（もしくはあまりしない）二つの母音に挟まれた子音よりも、より脱落しやすいことは、一応認めていいであろう。すなわち、形容詞のウ音便化は、発音運動の自然の推移として展開され進行していったということが推論できる。

ただし、この、形容詞ウ音便の成立過程に関する仮説には、いろいろ検討すべき余地がある。その一つは、この仮説が、他の音便、特に子音脱落によるイ音便・ウ音便などの場合にも適合するかどうかという問題である。つまり、形容詞連体形のイ音便、動詞のイ音便・ウ音便などの場合について、個別的具体的に考察されなければならないのであるが、このことに関連して興味深いことがらを一、二あげておくことにする。

まず、その一つは、形容詞連体形のイ音便についてである。形容詞連用形の場合には、i列音の語（＝i－k＝u）が最もよくウ音便化したが、その理由から逆に推せば、連体形の場合には、i列音の語（＝i－k＝i）がきわめてイ音便化しにくいであろうことが予想される。そうして、この予想は、すでに、木之下正雄によって、

> シク活用の形容詞のイ音便は非常に少ない。源氏に「苦しいこと」の一例があるだけである。(13)

のように確認されている。もっとも木之下は、すぐ続けて、

しかし名義抄にホシイママの例があり、シク活用とク活用と異なるべき理由も考えられないので、活用の違いはイ音便化の条件とは考えられない。

と述べているが、シク活用にイ音便が非常に少ないのは、kを挟んでいる前後の母音がiという同一の母音であるからで、理由のないことではない。

もう一つあげよう。それは、動詞の場合についてである。すでにロドリゲスが指摘していることだが、語幹の母音がa・i・e・oに終わるものはウ音便化し、uに終わるものは撥音便になるという原則があり、これは、天草版伊曾保物語などによって実証することができる。[14] また、たとえば、「行く」は、「ゆきて」の場合は「ゆいて」とイ音便になり、「いきて」の場合には「いって」と促音便になる。これらの事実は、語幹末尾音節がu列音の語がウ音便化しにくいことと連関するものであろう。

さて、次に留意しておかなければならない問題は、本章で調査の対象として取り上げた資料についてである。本章で取り上げた資料は、いわゆる一等資料ならぬ中古の和文資料だけである。その信憑性については、第二節において一応の検討を試みたが、さらに訓点資料など他の資料における調査によって、質量ともにデータの補正が行われる必要がある。また、問題の性質上、「べし」「まじ」「まほし」など形容詞型の活用をする助動詞についても検証することが必要であろう。

六、おわりに

本章では、形容詞連用形の末尾音節「ク」の直前の音節をその構成母音によって五つに分類し、それらの間に顕著なウ音便化率の差異があることを確認し、それについての理由づけから、形容詞のウ音便化は、発音運動の自然の推移という方向で進行したということを推論した。

【注】

(1) 本居宣長 一七八四『漢字三音考』付録「音便ノ事」『国語学大系』四巻 一二七ページ
(2) 山田孝雄 一九五二『平安朝文法史』第一章「総説」宝文館出版 五ページ
(3) 橋本進吉 一九五〇『国語音韻の研究』「国語の音節構造と母音の特性」岩波書店 二〇二ページ以下
(4) 馬渕和夫 一九五八「国語の音韻の変遷」『国語教育のための国語講座 2 音声の理論と教育』朝倉書店 一三八ページ
(5) 桜井茂治 一九六六「形容詞音便の一考察――源氏物語を中心として」『立教大学日本文学』第16号
(6) 竹内美智子 一九六六「源氏物語形容詞の語構成について（その一）」『共立女子短期大学文科紀要』第10号

（7）桜井茂治　一九六六「形容詞音便考──発生の要因──」『国学院雑誌』六七巻一〇号
（8）春日政治　一九四二『西大寺金光明最勝王経古点の国語学的研究』研究篇など
（9）鈴木丹士郎　一九六五「『かまびすし』の活用とその意味」『国語学』第六十二集
（10）〔表6〕の調査結果は、一回だけの調査によるもので、例数に誤りがあるかもしれない。
甲斐睦朗　一九七八「青表紙本源氏物語における形容詞連用形のウ音便について──その表現への志向──」『国語国文』四七巻　八号
では、〔表6〕の例数を誤りだとして i＞e＞a＞o＞u という順が正しいとしている。今、再調査する余裕はないが、論旨に大きな影響はないと思う。
（11）注（3）文献「国語の音節構造の特質について」二三〇ページ以下
（12）注（10）に示した甲斐一九七八のような順位だとすると、この辺の説明は少し変わってくる。a・e・o の発音の差異は微妙で截然と分けることはできないというところがある。ただ、説明の大筋は変える必要がないだろう。
（13）木之下正雄　一九五八「形容詞イ音便化の条件」『国語国文』二七巻　一一号
（14）浜田敦　一九五四「音便──撥音便とウ音便との交錯──」『国語国文』二三巻　三号

【付記】

本章は、『国語国文』三六巻八号（京都大学国文学会　一九六七）所載の「形容詞のウ音便——その分布から成立の過程をさぐる——」によった。

第七章　形容詞「ヒキシ」攷——形容動詞「ヒキナリ」の確認——

一、はじめに

本章では前章で提唱した、《中古以前においては、ク活用形容詞の語幹末音節におけるイ列音の欠落は体系的欠落（systematic gap）である》という命題の確からしさを検証する。そういう点で、本章は前章の続篇とも言うべきものであり、前章は、本章によって、より完全なものになる。なお、本章においては、時代を表す用語として、上代・中古・中世などを用いるが、それらは、それぞれほぼ、奈良時代以前、平安時代、鎌倉室町時代に相当するものである。院政時代は、便宜上、中古に所属させる。

二、ク活用とシク活用の形態上の相違

学校の古典文法などにおいて形容詞の活用にク活用とシク活用との二種類を設定するのは、シク活用の終止形にも活用語尾を認めようとするからである。すなわち、シク活用形容詞の語幹を、たとえば「ウツクシク（美）」の「ウツクシ」のように、「〜シ」と見なせば——そうして、そのように見なすのが、ク活用形容詞の語幹の用法と比較して正しいのであるが——、古典文法における形

容詞も、いわばク活用一種ということになる。しかし、そうすると、シク活用においては、ある意味で最も基本的な活用形である終止形の活用語尾を欠くことになってしまう。

	語幹	未然形	連用形	終止形	連体形	已然形	命令形
赤し	あか	から	く かり	し	き かる	けれ	かれ
美し	うつくし	から	く かり	○	き かる	けれ	かれ

それならば、ク活用とシク活用との相違はただ終止形における活用語尾の有無だけである。ク活用形容詞には客観的表現の語が多く、シク活用形容詞には主観的情意的表現の語が多いことは、石井文夫や山本俊英によって指摘された注目すべき傾向である。しかし、今、そのような意味の面についての問題は別として、形態の面に限っても、シク活用形容詞の語幹末音節が常に「シ」であるということは、厳然たる事実である。この事実は、そういう形態のものをシク活用としてまとめたのであるから、きわめて当然のことで、あらためて特に取り上げるまでもないことのように思われる。しかし、これが意外に重大な意味を有するのである。

すなわち、中古の文献資料を調査してみると、シク活用形容詞の語幹末音節は、常に「シ」というイ列音であるが、ク活用形容詞の語幹末音節は、ア列音・ウ列音・エ列音・オ列音のいずれかであって、原則としてイ列音であることはないのである。

このきわだった対照を示す現象は、形容詞の成立や語構成について考える場合に、重要な手がかりになると思われるが、それ以前に、まず、この現象が、単なる見せかけの偶発的なものであるのか、そうではなくて、体系的な事実の現れであるのかという点について、その真相を明らかにしておく必要がある。

三、偶発的欠落と体系的欠落

第一節に述べた現象は、すでに、前章において指摘したことであるが、シク活用形容詞の語幹末音節が常にイ列音であることは——「シ」音であるから——まったく問題ないとしても、ク活用形容詞の語幹末音節がア列音かウ列音かエ列音かオ列音かであってイ列音であることはないということは、すなわち、語幹末音節がイ列音であるようなク活用形容詞は存在しないということは簡単に断定できないことである。

たまたま、前章において調査の対象とした中古の和文資料においては、確かに語幹末音節がイ列音であるようなク活用形容詞は認められなかった。しかし、それが、対象とした資料の質的なかたよりや調査量の不足、あるいは調査方法の不徹底さなどによる偶発的なもの（accidental gap）ではなく、体系的組織的な欠落（systematic gap）であることを言うためには、

(1) 質的にも量的にも、さらに広範な資料についての徹底した調査

(2) 体系的組織的な欠落であることの論理的理由づけ

が必要である。

しかし、まず(1)について言えば、より広範な資料についてのより徹底した調査は可能であるとしても、その調査だけから体系的欠落を証することはできない。何らかの方法によって、存在する資料を完全に調査しえたとしても、その調査の結果において言えることがらが、次に発見されるかもしれない資料についてもまったく同様に適合することは、保証の限りではない。そこで、(2)ということになるが、これは、経験科学の帰納的方法を演繹的な方法にすりかえるものであって、筋の通った理由づけが一応できたとしても、それは、体系的欠落であることの可能性を示唆するにとどまり、やはりその決定的論証とはならない。したがって、経験科学においては、体系的欠落であることの証明は、結局のところ、不可能であるということになるが、それを十分にわきまえながら、な

おやはり、⑴と⑵の方法によって、その確からしさを高めていくより他ないというのが、経験科学の現状である。

さて、そういうことから、前章では、ク活用形容詞の語幹末音節におけるイ列音の欠落が体系的なものであることを論証しようとして、⑵の面から、中古に「オホキシ（大）」や「キシ（黄）」などの形容詞の存在しない事実を指摘して、これを、その体系的欠落であることを支持する一つの有力な傍証とした（しかし、理由づけそのものについては保留した）。また、⑴については、中古の訓点資料や辞書の類にまで調査の範囲を広げ——それは徹底したものではなかったけれども——、そこで、語幹末音節がイ列音であるク活用形容詞「キビシ（厳）」の存在を発見し、これについて、

この「きびく」一例の存在は、ク活用形容詞の語幹末尾の音節におけるｉ音の欠落が体系的なものであることを否定するに十分なのである。しかし、このク活用「きびし」は、それにしてもまったくの孤例であり、いかにも短命であった。この事実はもっと重視されるべきであり、「きびし」が、ク活用からすぐにシク活用に変化してしまわなければならなかった、その背景に働いていたものに注目しなければならない。そういう点で、この語が、中世に至って、再び、ク活用として『中華若木詩抄』や『史記抄』などの抄物に姿を現す際、「きびく」ではな

く「きぶく」に形を変えていることも、この期に至ってもなお「きびく」を阻止するような力が強く働いていたらしいことを思わせ、興味深い。こうして、体系的欠落を否定するかに見えた特殊例「きびし」は、むしろ、その体系的欠落であることを積極的に支持する貴重な例であるということになる。

と解釈した。

中世の語彙に詳しい大塚光信氏のデータによっても、抄物では「キブイ」が一般で、「キビイ」は次の一例のみだという。

弾正ヲハ霜臺ト云ソキヒクハケシウ事ヲタ、ス官チヤホトニソ（両足院本百丈清規抄三・一八オモテ）

この見解は本章においても変わっていない。

四、形容詞「ヒキシ」は存在するか

ところが、この考えを発表した後で、此島正年《このしままさとし》氏から、語幹末音節がイ列音であるク活用形容詞には、もう一つ「ヒキシ（低）」という語があるのではないかという指摘をいただいた。管見の限りでは、「ヒキシ」が現れるのは中世以後のことで、前章で考察の対象とした中古の形容詞の中には存在しないようであったので、前章では、特に取り上げることはしなかったのである。ところが、その後また、此島氏から、

大言海等に引いてある源氏や紫式部日記の用例はあまりあてになりませんが、むしろ中世の沙石集・著聞集・史記抄等のはいちおう認められるのではないでしょうか。ただし、古代に例が見えないというのは、偶然の事で、日本書紀の訓などに「侏儒」をヒキヒトとよむようなばあいがありますから、古くから「ひきし」が存在していたと言えると思いますが、如何でしょうか。

という教示をいただいた。すなわち、此島氏によれば、「ヒキシ」は上代から存在したはずで、そ

れが認められないのは「偶然の事」でしかないということになり、これがまた、現行の諸辞書のとっている通説でもあるようである。

はたして、この通説は正しいものであるか。もし正しいとすれば、語幹末音節がイ列音であるク活用形容詞が、中古に存在することになって、それが体系的欠落であるとは認められないことになる。本章では従来見過ごされていた一つの形容詞を取り上げその語誌をつづるかたわら、形容詞全体にかかわる問題について考察してみたい。

五、中世に「ヒキシ」は存在した

まず、中世から見ていくと、すでに述べたように、この期においては、「ヒキシ」の用例を求めるのにさして困難を感じない。たとえば、「日本古典文学大系」に収められているいくつかの文献を調査してみても、次のごとくである。

1 皃大《かほおほき》に、せいひきかりけり。（平家物語・征夷将軍院宣〈下一三八ページ五行〉）

2 ヒキウトノ長《たけ》クラベハ、ヒキクヲカチトスルガ如シ。（沙石集・出離ヲ神明ニ祈事〈六五ページ三行〉）

3 よきほどに、高からず低きからずもたげて、粥をすゝらすれば、（宇治拾遺・鼻長僧事〈一〇〇ページ二行〉）

4 年《とし》は二百八十歳《さい》、丈《たけ》ひきく色黒《いろくろ》くして、世の人には似ず。（義経記・弁慶生る事〈一〇五ページ四行〉）

5 高《たか》く返《かへ》りて低《ひき》く納むべし。（申楽談儀・よろづの物まねは心根〈四九九ページ一〇行〉）

抄物について見ると、たとえば、

6 楼ガヒキケレバ物ニサヘラレテ思フヤウニナキガ（国会図書館蔵中華若木詩抄・中八のオモテ）

7 山ヲミテアノ山ハヒキイ山ヂヤト云……其二合セテハヒキイソ……山ヲタニヒキイト云ハ……ヲカハナヲヒキイソ（足利学校蔵毛詩抄・巻二の七三ページ）

8 言ハ人ノ長ノ高サカ、六尺二寸ヨリヒキイハ、カタワモノソ。（史記桃源抄・七　項羽本紀）

などの用例が認められる。出雲朝子氏の調査によれば、その他にも、「『大東急本論語抄』『大東急文庫蔵蒙求聴塵』『筑波大学附属図書館蔵論語抄』『上野図書館蔵大学抄』『筑波大学附属図書館蔵日本書紀抄』『東洋文庫蔵孝経抄』などに、「ヒキシ」が認められる。

また、辞書類を瞥見すると、『至徳三年版法華経音訓』『温故知新書』『運歩色葉集』『節用集（文明本・饅頭屋本・黒本本・易林本など）』『慶長十五年刊倭玉篇』『落葉集』『日葡辞書』などに、「ヒキシ」が認められる。中でも、『倭玉篇』には、中田祝夫・北恭昭編の索引によると、「侏」「低」「卑」「犄」「庳」「廡」「賤」の訓として、七例が数えられ、他に「タケヒキシ」一例が認められる。また、『落葉集』には、本篇・色葉字集・小玉篇のそれぞれに、「低」字の訓として「ヒキシ」が付せられている。

『宇治拾遺物語』には、

9　たけひきらかなる衆の、冠、うへのきぬ、こと人よりはすこしよろしきが、中にすぐれて出で立ちて、（成村強力の学士にあふ事）

10　たけひきやかにて、中にすぐれて、「鳴り制せん」といひて通さじとたちふたがる男、にくきやつ也。（同右）

などのように、「ヒキラカ」「ヒキヤカ」という語形も認められる。

このようにして、中世にク活用形容詞「ヒキシ」が存在したことは、疑う余地のない事実である。

六、中古の和文資料には「ヒキシ」は存在せず、「ミジカシ」「アサシ」などが用いられた

ところが、時代をさらに遡って、中古になると、「ヒキシ」の用例を探しだすことは、きわめて難しい。

中古の和文資料には、かなり語彙索引が整備されてきているが、今、それらによって、『古今集』『後撰集』『土左日記』『竹取物語』『伊勢物語』『大和物語』『平中物語』『落窪物語』『宇津保物語』『蜻蛉日記』『源氏物語』『枕草子』『紫式部日記』『和泉式部日記』『更級日記』『讃岐典侍日記』『浜松中納言物語』『堤中納言物語』『大鏡』などを調べてみても、「ヒキシ」は一例も認められない。

辞書の中には、「ヒキシ」の用例として、『紫式部日記』の、

11 額いたう晴れたる人の、まじりいたうひきく、顔もここはと見ゆるところなく、いと白う、（日本古典文学大系本四八九ページ六行）

をあげるものが多いが、この用例は、確例とはなしがたい。池田亀鑑《いけだきかん》『紫式部日記』の校異によれば、校異に用いた計三五本のうち、「ひきく」となっているのはわずか八本であり、他の二七本は「ひきて」となっており、「く」と「て」は写し違えられることの十分にありうる仮名であるからである。[1] この場面は、「五節の弁」という女性の「絵にかいたる（ヨウナ）顔」を説明しているところだが、目尻《まじり》が「いたう低く」というのはどういうことであろうか。大和絵に「引き目かぎ鼻」という描法があるから、「目ひきて」ならば、目の形の美しいことを述べていると理解することができる。

眼尻長ヤカニ打引キタルニ（今昔物語集・巻二七の三一話〈大系本四・五二〇ページ五行〉）

という用例もある。しかし、目尻がとても低い美人というのは、きわめて不自然で、理解に苦しむ。

また、『大日本国語辞典』や『大言海』は、「ヒキシ」の用例として、

12 みす許りはひきくて（源氏・榊）

をあげているけれども、『源氏物語大成』の校異篇によって検するに、当該箇所は、

13 みすはかりはひききて
【青表紙本】異文ナシ
【河 内 本】みすはかりを引き給て　河
【別　　本】ひきゝ給て　国

となっていて、「ひきくて」とするものは一本も見当たらない。ちなみに、『源氏物語』には、

14 すだれをみじかくまきあげて人々ゐたり。（橋姫）

という表現がある。

それでは、中古の和文資料に「ヒキシ」が認められない理由は何であるか。常識的な推論からは、「ヒクシ」が一般的であったからだという理由づけが考えられるけれども、しかし、「ヒクシ」もまた「ヒキシ」と同様中古の和文資料には、管見の限りでは、まったく認められないのである。それどころか、「ヒクシ」は第一一節において見るように「ヒキシ」の存在が珍しくない中世にお

いてさえも、その用例を容易に確認することができない。現代語のあり方から類推すれば、「ヒキシ」ないし「ヒクシ」は、「タカシ（高）」の対義語として基本的語彙に属するはずのものであって、これはきわめて意外な事実であるが、この事実をふまえた上での理由づけが考えられなければならない。

『大日本国語辞典』によれば、「ヒクシ」の意味は、

(イ) 高さ少なし。身の丈短し。高からず。下にあり。ひきし。
(ロ) 身分賤し。階級下にあり。
(ハ) 音響微かなり。声高からず。
(ニ) 射芸の語。ほそし（細）に同じ。

の四項に大別することができる。すなわち、(ニ)はしばらくおくとして、「ヒクシ」は

(イ) せいがひくい。ひくい建物。
(ロ) 身分がひくい。地位がひくい。
(ハ) ひくい声。

などのように、(イ)「背丈」「建物」(ロ)「身分」「地位」(ハ)「声」などについていう語である。中古においてヒキシ」ないしは「ヒクシ」という語が存在しないとすれば、これらの語の代わりにはどんな語が用いられているのだろうか。

まず、(イ)について見るに、

15 たけの高く短からむ人などや、いかがあらむ。(枕草子・内裏の局)

16 ことにきらきらしからぬをのこの、高き短きあまた連立ちたるよりも、(枕草子・ことにきらきらしからぬ男の)

17 つとめて、見れば、屋のさまいとひらに短く、瓦ぶきにて、唐めき、様ことなり。(枕草子・故殿の御服の頃)

18 高きも短きも、几帳をも二間の簾におし寄せて(源氏・椎本)

などのように、「ミジカシ」が用いられていたようである。和文資料ではないけれども、『観智院本類聚名義抄』では、「佤」(仏上一二・「低」字と同じ)や「下」(仏上七四)などに、「ミシカシ」と付訓していて、参考になる。

ちなみに言えば、『今昔物語集』の

19 短キ燈台ヲ取リ寄テ、雙紙ヲ見テ臥シタリ。（巻一七の三三話）
20 水ノ面ニ、草ヨリハ短クテ、青キ木ノ葉ノ有ルヲ手ニ障ケルマ、ニ引タリケレバ、（巻二六の三話）

などの「短ク」を『日本古典文学大系本』では、「ヒキク」（それぞれ三・五五〇ページ四行・四一三ページ三行）と訓んでいるけれども、特に、「燈台」には、

21 みじかき燈台に火をともして、いとあかうかかげて、（枕草子・きよげなる男の）
22 みじかくてありぬべきもの　とみのもの縫ふ糸。下衆女の髪。人のむすめの声。燈台。（枕草子・短くてありぬべきもの）

などのように、「ミジカシ」という実例があり、これらの場合「短」字を強いて「ヒキシ」と訓まなければならない理由はない。（後になって刊行された『新日本古典文学体系本』では、「ミジカシ」に修正されている。）

次に、㈺については、

23 もとの品高くうまれながら、身は沈み、位みじかくて人げなき、(源氏・帚木)
24 高きもみじかきも、女といふものは、かかる筋にてこそこの世後の世まで苦しき身となり侍るなれ。(源氏・東屋)

などや、

25 位あさく何となき身の程、打解け、心のままなる振舞など物せらるな。(源氏・梅枝)
26 今は頼もしき御生先《おひさき》と祝ひ聞えさするを、あさき根ざしゆゑやいかがと、かたがた心つくされ侍る。(源氏・松風)

などのように、「ミジカシ」や「アサシ」が用いられている。さらに、「アヤシ」や「シモ(下)」「下﨟ナリ」なども、ほぼ同様の表現にあずかっている。

(ハ)については、もう少し調べなければならないが、

27 高く細く名乗り、また、人々侍はねば、名対面つかうまつらぬよし奏するも、(枕草子・殿上の名対面こそ)

28 ねぶたしとおもひてふしたるに、蚊《か》のほそごえにわびしげに名のりて、顔《かほ》のほどにとびありく。（枕草子・にくきもの）

29 若きをのこども声ほそやかにて、「面やせにたる」といふ歌をうたひ出でたるを（蜻蛉日記・天禄元年七月）

などからすれば、「ホソシ」などが、用いられたのであろう。その他にも、「息ノ下」「シノビヤカナリ」「チヒサシ」なども用いられている。

以上を要するに、後世「ヒキシ」ないしは「ヒクシ」によって表されるようになった意味は、少なくとも中古の和文資料においては、「ミジカシ」「アサシ」「ホソシ」などによって表されていたのである。「ミジカシ」「アサシ」「ホソシ」などが用いられていても、それと併行して「ヒキシ」ないしは「ヒクシ」が存在したという可能性もなお残るけれども、この事実は、中古の和文資料に「ヒキシ」の用例の存在しないことが、ただ単に偶然のことではなく、その占めるべき位置を持たないことの必然的結果であったことを支持する、きわめて有力な傍証となるであろう。

七、中古の訓点資料や古辞書類にも「ヒキシ」は認められない

中古においては、調査範囲を和文以外の資料に拡大してみても、「ヒキシ」の確例は容易に認められない。

春日政治『西大寺本金光明最勝王経古点の国語学研究・本文篇・語彙索引』
中田祝夫『古点本の国語学的研究・訳文篇・語彙索引』
築島　裕『興福寺本大慈恩寺三蔵法師伝古点の国語学的研究・索引篇』
築島　裕「知恩院蔵大唐三蔵玄奘法師表啓・語彙索引」(『訓点語と語点資料』第四輯)
小林芳規「不空羂索神呪心経寛徳点の研究・和訓索引」(『国語学』第三十三輯)
曾田文雄「高野山光明院所蔵蘇悉地羯羅経寛弘五年点・語彙索引」(『訓点語と訓点資料』第三輯)
曾田文雄「高野山光明院所蔵蘇悉地羯羅経承保元年点・語彙索引」(『訓点語と訓点資料』第八輯)
京都大学国語国文研究室『新撰字鏡国語索引』

正宗敦夫『倭名類聚鈔・索引』
岡田希雄『新訳華厳経音義私記和訓攷』
小松英雄『金光明最勝王経音義・和訓索引』
小松英雄『大般若経字抄・和訓索引』
中田祝夫・峰岸明共編『色葉字類抄研究並びに索引』
正宗敦夫『観智院本類聚名義抄・仮名索引』

などの、訓点資料や古辞書の類の索引には、「ヒキシ」の確例を一例も認めることができない。管見の範囲では、『東大寺諷誦文稿』や中田祝夫訳文「大乗大集地蔵十輪経・巻五・巻七」（東京教育大学紀要『国文学漢文学論叢』第一〇・一一輯）などにも認めることができない。『新撰字鏡』や『倭名類聚鈔』あるいは『図書寮本類聚名義抄』などに引用されているところから中古からすでに訓点のあったことが想定される『遊仙窟』には、

30 崇下 任《モヒキキモママニセム》 渠《キミ》攀《ヨチム》（醍醐寺本〈複製本二六のウ〉）
31 高 下《ミキモ》 任《キモヒキ、モマゝセ》 君 攀《渠イヨチム》（真福寺本〈複製本三八右〉）

のように、「ヒキシ」の訓が認められるけれども、醍醐寺本は康永三年（一三四四）点、真福寺本は文和二年（一三五三）点であって、いずれも、中古の確例とはなしがたい。築島裕《つきしまひろし》氏によれば、『遊仙窟』の古点には、特異な訓法がいくつか指摘できるが、その一つに文選読みをきわめて多く用いていることがあげられるという。そうして、このようにきわめて多くの文選読みを見せる資料が中古からすでに存したかどうかとなると疑問があるという（『平安時代の漢文訓読語につきての研究』二一二頁）。すなわち、文選読みのきわめて多いという事実は、現存『遊仙窟』の訓点の新しさを思わせるということになるが、「ヒキシ」の存在も、また、「ヒキシ」の古さをというよりは、その訓点の新しさを証するものであるということになりそうである。

「ヒキシ」の語幹である可能性を有する「ヒキ」には、

32　短　比木／比止　（霊異記・下巻・第一九訓釈）

33　辛夷　比伎佐／久良　（新撰字鏡）

などの用例がある。用例32の「ヒキヒト」もしくはその音便形「ヒキウド」は、時代を通じてよく用いられた語であるらしく、『観智院本類聚名義抄』『色葉字類抄』『伊呂波字類抄』『医心方巻二二院政期点』『白氏文集（大江家訓）』『とはずがたり』『宇治拾遺物語』『沙石集』『日葡辞書』などをはじめ、古点本や古辞書、抄物などかなり多くの文献に認められ、第八節において述べるように、上代においてもすでに存在したらしい。『今昔物語集』の、

34　短太ニテ器量ク力強ク、足早クテ微妙リシ相撲也。（巻二三の二四話）

の「短太」は、「ヒキウド」と訓む説もあるが、すでに説かれているように、やはり「ヒキフト」と訓むべきであろう。『宇治拾遺物語』には、同一の説話が、

35　大井光遠は、ひき（さ）ふとにいかめしく、力よく、足はやく、（大井光遠妹強力事）

のように仮名書きになっている。しかし、いずれの訓み方をとるにしても、「ヒキ」が、ここで調査の対象としている「ヒキ」であることには変わりがない。

用例33の「ヒキサクラ」については、なお問題なしとしないが、『観智院本類聚名義抄』の

36　細辛　ヒキノヒタヒグサ　（法下四二）

の「ヒキ」なども同様な例であろうか。

このように、「ヒキ」の用例は、中古においても、少数ながら、指摘できるが、しかし、以上の諸例は、いずれも語幹ないしは語構成要素であって、これらの存在から、ただちに「ヒキシ」という形容詞の存在を想定することはできない。

「ヒキシ」が中古の訓点資料や古辞書の類に存在しないということは、さらに広範な資料についての徹底した調査が必要であるが、論点を変えて言えば、現代においてはきわめて普通一般な語である「ヒクイ」の祖形であるはずの「ヒキシ」が、これだけの分量の資料において一例も認められないという事実は、和文資料にもその確例がまったく見出されなかったことと合わせて、「ヒキシ」が中古において存在しなかったことを示唆するに十分であろう。

八、上代には「ヒキ」は存在したが、形容詞「ヒキシ」は存在しなかった

上代の用例は、その凡例に「仮名書き資料のあるものは、必ずそれを掲げ、特に数例しか見られないものは、洩れなく採録するようにした」とある、『時代別国語大辞典・上代編』に、多くあげられている。

○ひき〔短・卑〕形状言。低い・丈が短いの意をあらわす。

37 他土卑者《ひきケレバ》、常勾《カガマリ》伏而行之、此土高者、申《ノビ》而行之、高哉、故曰二託賀《タカ》郡一。（播磨風土記託賀郡）

38 国つ神は高山の末短山《ひき》の末に上り坐して（祝詞六月晦大祓）

39 与二侏儒《ひきヒト》一相類（神武前紀）

40 大前二侏儒《ひきヒト》倡優一、為二爛漫之楽一（武烈紀八年）

41 短《ひき》女《メ》坏《ツキ》（延喜式神祇）

また、「ひきひと【侏儒・矬】」の項目を立て、

（名）身長の低い人。特に俳優の態をさせる習慣があった。

として、

42 既出32

43 既出39

44 既出40

45 天皇御二于東庭一、群卿侍之、時召二能射人、及侏儒《ひきひと》、左右舎人等一射之（天武紀一三年）

46 癡・瘂・侏儒《ひきひと》謂㆓短人㆒也・腰背折・一支癈、如㆑此之類皆為㆓癈疾㆒（令義解戸）

などをあげ、さらにその【考】に、

47 選㆓所部百姓之能歌男女、及侏儒《ヒキト》伎人《ワザト》㆒而貢上（天武紀四年）

をあげ、「『ヒキト』ともいったか」としている（その他に、両方の項目に『観智院本類聚名義抄』の例があげられているが、ここでは省略する）。

また、丸山林平『上代語辞典』には、

○ひきし〔低し〕（形）ひくい。
①（長さが）短い。（せいが）低い。
48 高尾張邑、有㆓土蜘蛛㆒、其為㆑人也、身短《ひきくして》而手足長与㆓侏儒《ひきひと》㆒相類。（神武紀己未年二月）
②（位が）低い。卑賤である。
49 凡諸臣、亦莫㆑拝㆓卑母《ひきき》㆒。（天武紀下・八年正月）

とある。

以上のほかにも若干の用例が認められるが、それらをも合わせて、上代には、「ヒキヒト」「ヒキメツキ」「ヒキヤマ」「ヒキシ」などが存在したということに、一応はなる。しかし、以上の諸例は、いずれも仮名書きによるものではなく、その訓点も時代が下るものであるから、その確例とはなしがたいものである。

まず、「ヒキヒト」は、第七節に見たように、『霊異記』など上代に近接した時代の資料にその用例が認められるから、上代にも存在したと見なしてよいであろう。用例46の割注「謂二短人一也」なども、「侏儒」がたとえば「ミジカキヒト」などと訓まれたものではなく、熟した一単語として訓まれたことを示唆しているように思われる。

「ヒキメツキ（短女坏）」と「ヒキヤマ（短山）」は「ヒキ」に「短」字が当てられていることに注意されるが、これらの語については、他に類例が認められないので、存在を積極的に肯定することはできない。しかし、すでに「ヒキヒト」によって「ヒキ」の存在が認められているのであるから、否定する積極的理由もまた見出しえない。

さて、以上のように、上代においても、「ヒキ」という形の存在は一応認めたのであるが、その用例が中古にも存在した「ヒキ」の場合とは異なって、第六節および第七節において見たようにその用例が中古にも認められない「ヒキシ」の場合、その検討にあたっては、より慎重でなければならない。

用例48の「身短而」を「ヒキクシテ」と訓むのは、『上代語辞典』だけではないが、これは、『日本古典文学大系本』のように、「ミジカクシテ」（日本書紀上二一〇ページ一三行）と訓んでおいていいところであろう。しかし、『日本古典文学大系本』も、「ヒキシ」の存在を認めないわけではなく、用例49の「卑母」は「ヒキキイロハ」（日本書紀下四三三ページ二行）と訓んでいる。

『時代別国語大辞典・上代編』は、「ひき」の項目の【考】において、用例37について、

> 「高」と対照的に用いられ、その「高」がタカの地名説話の根拠となっているところから、「卑」も形容詞として訓読されたものであろう。（下略）

と述べている。しかし、中世には用例が存在するが中古には見出せない語、しかも中古に見出せないことの理由づけが一応可能である語、すなわち、中世には存在し中古には存在しなかった語があった場合、その語は、中世に発生、成立したと見なすべきであって、中古より一時代遡る上代に、その確例を確認することもなしに、その語の存在を想定することは、論理的にも経験的にも許されることではない。

九、形容動詞「ヒキナリ」の確認

それでは、用例37の「卑者」や用例49の「卑母」は、どのように訓読すべきものであるか。『時代別国語大辞典・上代編』は、第八節に引用したように、「高」と対照的に用いられているから「卑」は形容詞であるとして、「卑者」を「ひきケレバ」と訓読しているが、この論理には、少なくとも二つの点に飛躍がある。その一つは、

(1) 形容詞と対照的に用いられる語は形容詞であるはずであるとしていること

であり、その二つは、

(2) 「タカシ」の対義語は「ヒキシ」であるはずであると決めてかかっていること

である。

まず、(2)について言えば、「タカシ(高)」の対義語として「ヒキシ(低)」が考えられるのは、

中世以後においてのことであって、すでに第六節において実際の用例にあたって検証したように中古においては「ミジカシ（短）」「アサシ（浅）」「ホソシ（細）」などが「タカシ（高）」と対義的に用いられている。したがって、上代においても、「タカシ（高）」の存在するという事実を根拠としてただちに「ヒキシ（低）」の存在を想定することはできないし、その必要もない。

また、⑴について言うならば、たしかに、多くの場合形容詞の対義語は形容詞であるが、しかし、常にそうであるわけではない。そういう例を列挙することがここでの目的ではないから、今、この論を展開する上で最も好都合な例を一つあげるならば、それは、「小サシ」と「大キナリ」との関係であろう。形容詞「チヒサシ」と対義的に用いられるのは、形容詞「オホキシ」ではなく、形容動詞「オホキナリ」である。これは、あまりにも有名な事実であって、

50 その辺りの家々大きなる小さき分かず、皆ここらの僧ども入り居たり。（栄花物語・疑〈古典文学大系本下四四一ページ八行〉）

などの用例をあげるまでもないであろう。前章においては、この理由をク活用形容詞の語幹末音節がイ列音でありえないことに求めた。というよりも、この「オホキナリ」の存在をク活用形容詞の語幹末音節がイ列音でないことが体系的なものであることの一つの証拠とした。すなわち、「オホ

キシ」は、ク活用形容詞の語音構造の原則に反するが故に成立しえなかったのである。

ところで、本章で考察の対象としている「ヒキシ」もク活用形容詞であり、その語幹末音節がイ列音である。したがって、「ヒキシ」という形容詞は、「オホキシ」と同様、ク活用形容詞の語音構造の原則に反するために、その原則が支配していた時代には成立しえなかったはずである。そうして、事実、上代においても中古においてもその確例は見出せなかったのである。

それでは、中古において確認され、上代においてもほぼ確実に存在の想定される「ヒキ」の品詞は、何であるか。また、用例37の「卑者」や用例49の「卑母」はどのように訓読すべきであろうか。

「ヒキ」が活用語を派生するとすれば、その意味から推して、それは、形容詞「ヒキシ」か形容動詞「ヒキナリ」かであろう。そうして、「ヒキシ」の存在が一応否定されているのであるから、想定される語形は「ヒキナリ」だけである。この、「タカシ」と「ヒキナリ」との関係は、「チヒサシ」と「オホキナリ」との関係に比せられる。前に「この論を展開する上で最も好都合な例」と述べた理由は、ここに存する。

チヒサシ ←→ オホキナリ
タカシ ←→ ヒキナリ

以上のように、演繹的推量によって、「ヒキナリ」が導かれるのであるが、実は、この「ヒキナリ」は、実在する用例によって、その存在が証明されるのである。すなわち、いささか時代が下るが、『観智院本類聚名義抄』に見える、

51 僥僥　ミシカシ　ヒキナリ　（仏上一〇）
52 侏儒　ヒキウト　上タケヒキ　ヒキナリ　（仏上二八）
53 痤　ニキミ　ヒキナリ　ミシカシ　（法下一一六）

などであり、また、野口恒重編『字鏡集』に認められる、

54 僥　ヒキナリ　ヒキヒト　ミシカシ　（九一一）
55 痤　ヒキナリ　ミシカシ　（一三六六）
56 矬　タケヒキ　ヒキナリ　（一五一三）
57 座　トコロ　ヰモノ　ヒキナリ　（二〇九六）

などである。『新潮国語辞典』に、「ひき」の項目の用例としてあげられている、

58　座（ひきなる）人（大般涅槃経平安後期点）

も、その例である。『伊呂波字類抄』には、

59　矬　ヒキ（ナシ）＼△ナリ（ヒ部方角門）

とある。この校異は、山田孝雄によるものらしいが、「ヒキキナリ」ならば、「ヒキシ」の比較的早い用例となり、また、「ヒキナリ」であれば、ここで捜している用例となる。日本古典文学大系本『今昔物語集』が、

60　仏ノ音ノ高ク下ナルヲ聞ムト思フ。（巻三の三話）

を「ヒキナル」（一・二〇六ページ九行）と訓んでいるのは、従うべき訓み方であろう。

以上のように、中古以前においては、形容詞「ヒキシ」ではなく形容動詞「ヒキナリ」が、形容詞「タカシ」の対義語として用いられることがあったが、「チヒサシ」に対する「オホキナリ」などの場合とは違って、この「ヒキナリ」については、中古以前において用いられた例があまりな

い。第六節において見たように、中古においては、「タカシ（高）」の対義語は、「ミジカシ（短）」「アサシ（浅）」「ホソシ（細）」などであった。中でも、「ミジカシ（短）」は、その意味の領域が現代語の「ミジカイ（短）」と比較してきわめて広かったのであり、たとえば、『観智院本類聚名義抄』においては、実に一九の漢字――この中には、第五節で述べた、『倭玉篇』で「ヒキシ」と付訓されている七つの漢字のほとんどが含まれている――に、「ミジカシ」あるいは「ミシカシ」という訓が付されている。したがって、形容動詞「ヒキナリ」の成立の可能性はすでに上代からあったけれども、その反面、それが存在することの必要性は中古においてさえも認められないのであって、「ヒキナリ」が上代から存在した語であったかどうかは、ここで速断することができない。

用例37の「卑者」や用例49の「卑母」などは、

61 憧ノ最卑《ミジカキ》者《モノ》　（大慈恩寺三蔵法師伝古点巻九C点）

62 卑　イヤシ　ミジカシ　（観智院本類聚名義抄・仏中一一一）

などのように「卑」字を「ミジカシ」と訓む実例があるから、それぞれ、「ミジカケレ（バ）」「ミジカキ（イロハ）」などと訓んだ蓋然性も高いが、「ヒキ」を採るとすれば、それぞれ、「ヒキナレ（バ）」「ヒキナル（イロハ）」などのように形容動詞として訓読すべきであって、「ヒキシ」と訓んでは上代の訓法にかなわぬことだけは確かであろう。

一〇、「ヒキシ」の成立時期

中古において、すでに普通一般に用いられることのなかった「ヒキナリ」が、「ヒキシ」という形容詞に形を変えたのは、いつのころからであったか。「ヒキシ」の成立は、ク活用形容詞の語幹末音節がイ列音ではありえないということが法則として存在しなくなった時期において、はじめて可能であったであろう。

一二七五年成立の『名語記』には、

63 腫物ノヘルモヒキクナル也。
64 タカシヒキシノヒキ如何。答ヒキハ下也。卑也。

などの例が存在するというが、ここでは、後者の64に特に注意される。そこに見られる問いと答えとは、「タカシ」に比較して「ヒキシ」がいまだ異様で語義不審の語であったらしいこと、「ヒキシ」が「ヒキ」に「シ」の添加したものであると考えられていたらしいことなどを示すものであるからである。前にあげた『伊呂波字類抄』の用例59が、「ヒキナリ」と「ヒキキナリ」との両形にゆれていたのは、それが書写されたころ「ヒキシ」が成立していたことを示唆するものであろうか。『色葉字類抄』では（前田家本だけでなく、黒河本も）、

65 小丈《ヒミシ》　（ヒ部畳字門）

のように、「ヒキシ」が期待されるところが「ヒヒシ」と付訓されているが、これは、「ヒキシ」を知らない者による誤写なのであろうか。また、第五節にあげた用例９10の「ヒキラカナリ」「ヒキヤカナリ」なども、「ヒキナリ」に代わって登場した、新しい形容動詞と見なすことが許されるかも知れない。

「ヒキシ」の成立時期については、正確には、不明としなければならないが、以上のような、『名語記』や『色葉字類抄』、さらには『伊呂波字類抄』などの記載事実からして、ほぼ十三、四世紀のころであると想定することができるであろう。

「ヒキシ」については、微弱な存在であった「ヒキナリ」から成立して、「ミジカシ（短）」「アサシ（浅）」「ホソシ（細）」などの有する意味の領域を征服していった過程を闡明することもまた、きわめて興味をそそる問題であるが、ここで今それを明らかにするだけの準備がない。

二、「ヒクシ」の成立

ところで、「ヒクシ」——あるいは「ヒクイ」といった方が妥当かもしれないが——は、いつごろどのようにして成立したのであろうか。「ヒクシ」は、管見の限りでは、『字鏡集』にすでに「曛」「闄」「㖶」「積」などの訓として、それらしいものが見えるが、それらはいずれも確例としがたく、キリシタン資料に見えるものが、最も早いもののようである。

66 Ficui. Couſabaixa.　（日葡辞書）
　　Ficuſa.
　Ficù.
67 Xei.……xeino tacai, 1, ficui fito.　（日葡辞書）
68 xeino ficuimono.　（ロドリゲス日本大文典）
69 Xei no ficu gozáru　（コリヤード日本文典一〇の一一）
70 mata curai ficŭtemo cocoro uo midaſuna.　（金句集五二二の一二）
71 taqeua ficŭ, yocobarini, xeua cugumi　（伊曾保四〇九の一五）

これらの資料には、また、

72 Cŏtei. Tacaqu, fiqixi　（日葡辞書）

73 Guequan.……caquan. i, Fiqij curai　（日葡辞書）

74 cubiyugami, xeifiquiqu　（ロドリゲス日本大文典）

75 Saifiqiŭ xite curai tacaqiua, futatçuno ayauqi nari.　（金句集五三九の二一）

などのように、「ヒキシ」の用例も載せる。

このように、キリシタン資料においては、同一の資料にさえ、「ヒキシ」と「ヒクシ」との両形が共存するが、中で、『金句集』の二例70と75、『日葡辞書』の例66などが、特に注目される。すなわち、『金句集』の二例の場合、75の「ヒキシ」は文語体の格言の中に、70の「ヒクシ」は口語体のこころの中に、それぞれ用いられているが、この使い分けは、「ヒクシ」が「ヒキシ」に対してより新しい語形であることを証するものであろう。

また、『日葡辞書』の例66は、それが辞書の見出し語であるところから、「ヒクシ」が、当時、すなわち、十六世紀末から十七世紀初頭にかけて、すでに規範的な語形として認められていたことを明示するものであると考えられる。『日葡辞書』と相前後してなった『落葉集』が、第五節に述べたように三箇所において「ヒキシ」という訓を付しているのは、漢字の読み方や字形を知るため――それは文語の世界である――という『落葉集』の性格から、古い語形をとったものと解釈することができる。

以後、しだいに「ヒクシ」が優勢となり、現在に至るのであるが、一方、「ヒクシ」の成立によって、「ヒキシ」が全く消滅してしまったわけではないらしく、

76 高《たかき》に居て驕るべからず、ひききに有《あり》てうらむべからず。（芭蕉・杵折賛〈日本古典文学大系『芭蕉文集』二一六ページ〉）

77 いとひききを心うく思ひて、（椿説弓張月〈日本古典文学大系・下三九二ページ〉）

78「さすがに爰もひきくぬれたる所にもあらず」などさまざまに云ひて笑ひければ（東海道名所記〈日本古典全書『仮名草子集下』二二四ページ〉）

79 高シ卑《ヒキ》シ悪シ楽シノタグヒノシ（鈴木朖『言語四種論』形状ノ詞　作用ノ詞ノ事）

などのように（79で「卑シ」だけに振り仮名があるのに注意される。なお、「悪シ」の「シ」には右傍の□印がないが、これは誤脱であろう）、以後もひき続き、文語としてであるようだが、その命脈を保つのであり、現在においても、地方によっては、「ヒキイ」が残存するという。

それでは、どうして、「ヒキシ」から「ヒクシ」が成立したのであろうか。「キ」が「ク」に転化しなければならなかった理由があるとすれば、それはやはり、「ヒキシ」が、イ列音を語幹末音節とするク活用形容詞であるという、他に類例のきわめて少ない語音構造の語であったというところに求められるであろう。ここにおいて、第三節に引用した「キビシ」（ク活用）の例が思い合わされる。すなわち、「キビシ」は、もとク活用であり、時代的にさして離れない資料にシク活用の用例が存在するのであるが、その一方で、ク活用の用例が「キブシ」という語形で、中世の抄物に登場する。

一体に、この「キビシ」と「ヒキシ」の二語は、その語幹を構成している音節が、きわめて近似しているが、

キビシ――→キブシ（イ列音――→ウ列音）
ヒキシ――→ヒクシ（イ列音――→ウ列音）

のように対置してみると、語幹末音節のイ列音からウ列音への変化においても、両者は一致するのであり、この一致は、偶然のものとは思われない。

これらのイ列音が、同じ行の、他の列音ではなく、ウ列音に変化したのは、イ列音とウ列音と

は、狭い母音をその構成母音としているという共通点を有し、イ列音がその音韻論的環境の変化を最小にして、他の音に変化しようとすれば、それはウ列音以外にはないからであろう。

一二、おわりに

以上の考察によって、《中古以前においては、ク活用形容詞の語幹末音節におけるイ列音の欠落は体系的欠落である》という命題を否定するかに見えた「ヒキシ」が、実は、中世に至って成立した語であり、この命題の成立に抵触しない語であることが明らかになった。それだけでなく、「ヒキシ」が中古以前においては存在しなかったということの論証によって、この命題の確からしさがいより高められることとなった。

ただ、しかし、この命題が真の命題として成立するためには、さらに、

(1) 語幹末音節がイ列音であるようなク活用形容詞が他に存在しないこと

が明らかにされなければならない。現在までのところ、そういう形容詞は認められないし、また、イ列音の欠落が体系的組織的な事実であることを支持する傍証は一つならずあるが――「ヒキナ

リ」の存在もその一つに加えられることになる——、帰納的方法の宿命として、それらは、この命題が真であることの絶対的保証とはならない。そうして、(1)が明らかにされた上で、

(2) ク活用形容詞の語幹末音節がイ列音でありえないことの論理的理由づけが可能になったとき、はじめて、この命題の成立は、きわめて高い蓋然性を有することになるのである。

【注】

（1）『日本古典文学大系本』は群書類従本を底本としたものであるが、天和本、吉田幸一氏蔵本、桃園文庫蔵一本、北氏本では「ひきて」とするという頭注がある。また、後に出た『新日本古典文学大系本』は、宮内庁書陵部本（黒川本）を底本としているが、「ひきて」になっている（三〇二ページ一三行）

【付記】

本章は、『国語国文』三七巻五号（京都大学国文学会　一九六八）所載の「形容詞『ヒキシ』攷――形容動詞『ヒキナリ』の確認――」によった。

[著者紹介]

北原 保雄（きたはら やすお）

一九三六年、新潟県柏崎市生まれ。一九六六年、東京教育大学大学院修了。文学博士。筑波大学名誉教授（元筑波大学長）。

主な編著書

[文法関係]『日本語の世界6 日本語の文法』（中央公論社）、『日本語助動詞の研究』（大修館書店）、『文法的に考える』（大修館書店）、『日本語文法の焦点』（教育出版）、『表現文法の方法』（大修館書店）、『青葉は青いか』（大修館書店）、『問題な日本語』1～3（編著、大修館書店）、『達人の日本語』（文春文庫）、『北原保雄の日本語文法セミナー』（大修館書店）、『類義の日本語』（小学館文庫）、『言葉の化粧』（集英社）など。

[古典関係]『大蔵虎明本狂言集の研究 本文篇』全三巻（共著、表現社）、『狂言記の研究』全四巻（共著、勉誠社）、『狂言六義全注』（共著、勉誠社）『延慶本平家物語 本文篇・索引篇』（共著、勉誠社）、『舞の本』（〈新日本古典文学大系〉共著、岩波書店）など。

主な辞典

『古語大辞典』（共編、小学館）、『全訳古語辞典』（小学館）、『反対語対照語辞典』（共編、東京堂出版）、『日本国語大辞典 第二版』全一三巻（共編、小学館）、『明鏡国語辞典』（大修館書店）、『明鏡ことわざ成句使い方辞典』（大修館書店）など。

[カバー絵]

井出廣和「整然として 霧の目」

日本語《にほんご》の形容詞《けいようし》

NDC810/ix,254p/20cm

初版第一刷 ―― 二〇一〇年六月二〇日

著者 ―― 北原保雄《きたはらやすお》

発行者 ―― 鈴木一行
発行所 ―― 株式会社大修館書店
〒一〇一-八四六六 東京都千代田区神田錦町三-二四
電話03-3295-6231(販売部)
03-3294-2353(編集部)
振替00190-7-40504
[出版情報] http://www.taishukan.co.jp

装丁者 ―― 井之上聖子
印刷・製本 ―― 図書印刷

ISBN978-4-469-22211-1　Printed in Japan